创新创业思维训练

主 编 杨 宁 赵美霞
副主编 陶祥令 王绪勇 杨 蕾 马路宽

华中科技大学出版社
http://press.hust.edu.cn
中国·武汉

图书在版编目(CIP)数据

创新创业思维训练/杨宁,赵美霞主编. —武汉:华中科技大学出版社,2023.11
ISBN 978-7-5772-0132-0

Ⅰ.①创⋯ Ⅱ.①杨⋯ ②赵⋯ Ⅲ.①大学生-创业 Ⅳ.①G647.38

中国国家版本馆 CIP 数据核字(2023)第 221189 号

创新创业思维训练　　　　　　　　　　　　　　　　　　　杨　宁　赵美霞　主编
Chuangxin Chuangye Siwei Xunlian

策划编辑：康　序
责任编辑：刘艳花
封面设计：孢　子
责任校对：阮　敏
责任监印：周治超

出版发行：华中科技大学出版社(中国•武汉)　　　电话：(027)81321913
　　　　　武汉市东湖新技术开发区华工科技园　　　邮编：430223
录　　排：武汉三月禾文化传播有限公司
印　　刷：武汉市洪林印务有限公司
开　　本：787mm×1092mm　1/16
印　　张：8
字　　数：203 千字
版　　次：2023 年 11 月第 1 版第 1 次印刷
定　　价：35.00 元

本书若有印装质量问题,请向出版社营销中心调换
全国免费服务热线：400-6679-118　　竭诚为您服务
版权所有　　侵权必究

前言 Preface

习近平总书记在党的二十大报告中指出,要坚持创新在我国现代化建设全局中的核心地位,提升国家创新体系整体效能,加快实施创新驱动发展战略,加快实现高水平科技自立自强,以国家战略需求为导向,集聚力量进行原创性引领性科技攻关,坚决打赢关键核心技术攻坚战,增强自主创新能力,要深入实施人才强国战略,尊重人才、尊重创造,完善人才战略布局。总书记的报告给我们广大高等教育工作者,尤其是从事创新创业教育工作的教育者,提供了很好的指引,明确了要更深入地把创新创业教育贯穿人才培养的整个过程,培养具有责任感、使命感,能够为社会、人类创造价值,具有创新创业思维意识和能力的社会主义建设者。因此,高校作为培养大学生创新创业思维和能力的主阵地,责任重大。

高校开展创新创业教育离不开高质量的教材,而学生创新创业能力的落地离不开创新创业教育与专业教育的有机融合,因此进行体现专创融合的实训教学及建设对应专创融合的实训教材,对培养学生的创新创业能力至关重要。从调研来看,在培养大学生创新创业意识和能力、创新创业理论、创新创业基础及实践的教材编写方面,市面上出版了形式多样、内容丰富的教材,但这些教材大多实用性不强,对创新创业实训,特别是专创融合的创新实训教学,缺乏针对性和指导性。当前市面上的创新创业实训类教材较少,对应的活页式教材更少。市面上出版的为数不多的创新创业实训活页式教材侧重于创业,通过模拟实践环境帮助学生理解创业过程,在内容编排上虽然以任务为导向,但却无法真正实现活页式教材内容上的"活",也未在教学过程中将课程思政元素融入,更未体现专业教育与创新创业教育的有机融合。创新是创业的基础,教材编写的重点可在创新思维和创新方法上下工夫。

本书在调研创新创业教学现状的基础上,结合编者多年创新创业课程教学经验和专创融合实践,以学生为中心,以学习任务为导向,侧重以知识为基础的建构创新,构建了以模块和子模块为单位的教材框架,将创新思维和方法融入其中,将"立德树人、课程思政"有机融合到教材内容中,提供了丰富、适用和引领创新作用的实训任务,体现实训成果的创新性、多样性和不唯一性,最终体现活页

式教材结构化、形式化、模块化、灵活性、重组性、更新性及趣味性等诸多符合教学实训和自主学习的特征,切实实现创新创业教育的目标和效果。

本书共分为两大模块,创新方法模块和创业实践模块。创新方法模块包括头脑风暴法、列举法、组合法、移植法、类比法、设问法等子模块。创业实践模块主要进行创业计划书的撰写。创新方法模块结合学生创新团队的专利或创新比赛获奖案例,按"创新故事—学习情境—学习目标—任务分组—相关知识点—实训准备—实训实施—考核与评价—思政元素—教师总结—拓展练习"的体例进行编写,在任务完成中让学生理解创新思维和创新方法的运用,切实提高学生的创新能力,激发学生自身的潜力。创业实践模块以大学生创业的实践案例为素材,按照"创业故事—学习情境—学习目标—任务分组—相关知识点—实训准备—实训实施—考核与评价—思政元素—教师总结—拓展练习"的体例进行编写,在任务完成中让学生理解创业计划书的撰写要领和方法,切实提高学生创业实践的能力。

本书编写团队中的老师均为创新创业类课程教学的老师,具有多年各类创新创业类比赛指导的经验,并多次指导学生在创新创业类比赛中获奖。编写团队中的青岛地矿岩土工程有限公司王绪勇高级工程师、马路宽工程师和青岛国立设计有限公司杨蕾高级工程师现场及设计经验丰富,具有丰富的创新创业经历,为学生创新团队的创新活动提供了现场和技术支持,为教材的开发和建设作出了贡献。

本书的特色在于紧密地将专业教育与创新创业教育进行了有机融合,实训素材源自专业创新实践且融合了创新思维和方法,各模块均相对独立。实训任务来源于编者指导学生创新团队获得的专利或者撰写的实践案例,且建立了三维模型图或制作了三维模型,更加形象、直观、易于理解,更符合学生的思维方式,更贴近学生的思维模式,更亲近于学生。另外,本书以专业的专利案例为学习情境任务进行分析,更容易将创新思维和创新方法内化为学生的内在创新能力,实现真正的专创融合。本书内容编排较为独立,符合活页式教材"活"的特点。

本书的编写响应了国家的创新发展战略,顺应了"大众创业、万众创新"的时代要求,对培养大学生的创新创业意识和创新能力具有重要意义,对提高阅读者的创新创业能力具有积极作用,对推动全民创新创业具有一定意义。

本书是江苏省高等教育教改研究课题(2019JSJC487)、江苏高校"青蓝工程"及中国特色高水平专业群教材立项建设的研究成果,是编者多年从事专创融合研究的实践总结。

在本书编写过程中,学生创新团队中的张昊泽、李非凡、吕宗耀、李昕、李天缘、池君宝及吴宇等对部分文字进行了编辑和核对。同时,本书在编写过程中参考与借鉴了一些资料,在此一并表示由衷的感谢。

本书可作为高校建筑大类相关专业的创新创业实训教材,也可为创新工作者和个人提供创新创业方法演练和指导。

由于编者水平有限,本书难免存在不足和错误之处,恳请读者、同行、专家批评指正!

编 者

2024 年 8 月

目录 Contents

▶ **模块1　创新方法** /001

　　子模块1　头脑风暴法　/002
　　子模块2　列举法　/008
　　子模块3　组合法　/023
　　子模块4　移植法　/040
　　子模块5　类比法　/056
　　子模块6　设问法　/074

▶ **模块2　创业实践** /093

▶ **参考文献** /119

模块 1 创新方法

CHUANGXIN FANGFA

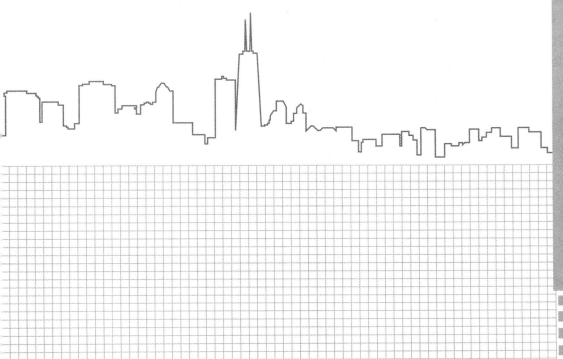

子模块 1 头脑风暴法

创新故事

如何使核桃裂开而不破碎

某蛋糕厂为了提高核桃裂开的完整率,对"如何使核桃裂开而不破碎"进行了一次小型头脑风暴会。针对该主题,大家在会上各抒己见,自由思考和联想,提出了近100个奇思妙想,但似乎都没有实用价值。

其中有一个人提出:"培育一种新品种,这种新品种在成熟时,自动裂开。"当时很多人认为这是天方夜谭,但有人利用这个设想的思路继续思考,想出了一个核桃被完好取出的、简单且有效的好方法:在外壳上钻一个小孔,灌入压缩空气,靠内部压力使核桃裂开。

以上故事就是运用头脑风暴法获得的创新成果。

学习情境

如何清除电线积雪?

有一年,美国的北方格外寒冷,大雪纷飞,电线上积满冰雪,大跨度的电线常被积雪压断,严重影响通信。许多人试图解决这一问题,但都未能如愿以偿。请尝试运用头脑风暴法解决这一难题。

学习目标

(1)明确头脑风暴法的基本概念和原理。
(2)明确头脑风暴法的实施步骤和程序。
(3)会应用头脑风暴法提出解决问题的方法。

任务分组

任务分组表如表1.1所示。

表1.1 任务分组表

班级		组号		指导老师		备注
组长		分工职责				
组员1		分工职责				
组员2		分工职责				
组员3		分工职责				
组员4		分工职责				
组员5		分工职责				
…		分工职责				

相关知识点

一、头脑风暴法的基本概念及原理

1. 什么是头脑风暴法

头脑风暴法是美国创造学家A.F.奥斯本1939年创立的,又称奥斯本智力激励法,起初用于广告的创意构思,1953年汇编成书,是世界上最早传播的创造技法。《韦氏国际英语大辞典》给智力激励法的定义是:一组人员通过开会方式对某一问题出谋划策,群策群力解决问题。它通过特定的会议形成创造者之间思维的"激励",使与会者产生联想和创造性想象,激发灵感,以获得量大、面广、质高的创造性解题设想。

2. 头脑风暴法的原理

头脑风暴法的核心是高度自由的联想。头脑风暴法以一种与传统会议截然不同的会议方式,给与会者创造一种信息互补、思维共振、设想共生的特殊环境,通过集体讨论、彼此激励、相互诱发,引起联想,使与会者能突破种种思维障碍和心理约束,毫无顾忌地提各种想法,让思维自由驰骋,从而提出大量有价值的设想。

随着科学技术的发展,所遇到的问题复杂性提升,所涉及技术的多元化程度提高,"单枪匹马式的个体冥思苦想"将变得软弱无力,"群起而攻之"的战术则显示出越来越强的威力。

二、怎样运用头脑风暴法

1. 头脑风暴法的原则

(1) 自由思考原则。

该原则要求与会者尽可能地解放思想,求新、求奇、求异,打开心扉,畅所欲言,从不同时空、不同视角变换不同角色,让思维由静到动、由浅入深,不必顾虑自己思路的"离经叛道",也不必顾及想法是否"荒唐可笑"。

(2) 延迟评判原则。

在讨论问题过程中限制过早地进行评判,只考虑可能性,不考虑可行性。与会者禁止使用诸如"这根本行不通""这个想法太荒唐了""这个方案真是绝了"等"扼杀"句或"捧杀"句,营造放松的、心理安全的、开放的思考氛围,让人能够敞开心扉、放下包袱,不断提出新设想。

(3) 以量求质原则。

显而易见,设想的数量越多,就越有可能获得有价值的创意。通常,最初的设想可能价值不高,但量变确实能够带来质变。有人曾用实验证明,一批设想后半部分的价值要比前半部分的高78%。因此,头脑风暴法要求与会者在规定的时间里尽可能提出较多的新设想,思维由流畅变灵活,进而提出奇思妙想,以量大求优。

(4) 借鉴改善原则。

头脑风暴法鼓励与会者积极利用别人的设想启发自己,及时修正自己不完善的设想,利用相似、相关、对比等联想手段,运用组合、夸张、拟人、典型化等方法,不断地将自己的想法与他人的想法连接、加工、综合,再提出更完善的创意或方案。

2. 头脑风暴会实施步骤

(1) 会议准备。

① 选择会议主持人。合适的会议主持人应具备以下基本条件:熟悉头脑风暴法的基本原理和召开头脑风暴会的程序与方法,有一定的组织能力;对会议所要解决的问题有比较明确的理解,以便在会议中作诱导提示;能坚持头脑风暴会规定的原则,以充分发挥激励的作用机制;能灵活地处理会议中出现的各种情况,以保证会议按预定程序进行。

② 确定会议主题。

③ 确定参加会议的人选。会议人数以5~10人为宜。人员的专业构成要合理:大多数为本问题领域的行家和少数为其他领域的行家。同一次会议,与会者的知识水准、职务、资历等应大致相当。尽量选择一些对问题有实践经验的人。通常可选几个经验丰富的人组成激励核心小组,再视问题的特点扩充会议成员。

④ 提前下达会议通知。提前几天将会议通知下达给与会者,使与会者在思想上有所准备,以便提前搜集相关资料,酝酿解决问题的设想。

(2) "热身"运动。

其目的是使与会者尽快进入"角色",迅速集中精力在会议上。同时,使与会者大脑开动,形成一种有利于激发创造性思考的气氛。

(3) 明确问题。

主持人向与会者简明扼要和启发性地介绍问题,使与会者对问题有一个全面的了解,以便有的放矢地进行创造性思考。

(4) 自由畅谈。

这是头脑风暴会最重要的环节。主持人控制畅谈时间、节奏、方向,尽最大可能寻求更多的设想。

(5) 选择评价。

会议结束后,主持人要组织专人对设想记录进行分类整理,去粗取精。如果已经获得解决问题的满意答案,则该次头脑风暴会就完成了预期目标。倘若还有悬而未决的问题,则还可以召开下一轮头脑风暴会。

模块1 创新方法

实训准备

(1) 阅读给出的学习情境,提前收集本次头脑风暴会主题的相关资料。
(2) 熟悉头脑风暴会的基本流程和规则。
(3) 准备好头脑风暴会实施所需要的纸张、签字笔以及笔记本等。

实训实施

(1) 确定分组及主持人和记录人。
(2) 确定头脑风暴会的主题。
(3) 主持人进行头脑风暴会规则说明,大家开始自由畅谈。
(4) 对畅谈记录进行分类汇总、整理,总结成果答案。
(5) 如果满意,则达到预期目标,如果不满意或者有悬而未决的问题,则拟开展下一轮头脑风暴会。
(6) 各小组汇报展示。

考核与评价

1. 小组自评

小组自评表如表1.2所示。

表1.2 小组自评表

班级:	姓名:	学号:	组别:
子模块1	头脑风暴法(如何清除电线积雪)		
评价项目	评价标准	分值	得分
头脑风暴法的概念	能明确头脑风暴法的概念	10	
头脑风暴法的原理	能明确头脑风暴法的原理	10	
头脑风暴法自由思考的原则	能正确理解头脑风暴法自由思考的原则	10	
头脑风暴法延迟批判的原则	能正确理解头脑风暴法延迟批判的原则	10	
头脑风暴法借鉴改善的原则	能正确理解头脑风暴法借鉴改善的原则	10	
头脑风暴法自由思考的原则	能正确理解头脑风暴法自由思考的原则	10	
实训态度	能做到无故不缺勤、不迟到、不早退,态度端正	10	
实训质量	能按照计划高质量完成实训	10	
团队协作能力	能与团队成员间合作交流,协作开展实训	10	
创新意识和能力	能提出不同一般的创新观点或者方法	10	
	合计	100	

2. 小组互评

小组互评表如表1.3所示。

表 1.3　小组互评表

子模块 1		头脑风暴法（如何清除电线积雪）									评价组别						
评价项目	分值	评价等级									1	2	3	4	5	6	7
组织合理	10	优	9	良	8	中	7	及格	6	不及格	5						
团队协作	15	优	12	良	10	中	8	及格	6	不及格	5						
实训效率	15	优	12	良	10	中	8	及格	6	不及格	5						
实训质量	15	优	12	良	10	中	8	及格	6	不及格	5						
实训规范	15	优	12	良	10	中	8	及格	6	不及格	5						
成果展示	15	优	12	良	10	中	8	及格	6	不及格	5						
创新程度	15	优	12	良	10	中	8	及格	6	不及格	5						
合计	100																

3. 教师评价

教师评价表如表 1.4 所示。

表 1.4　教师评价表

子模块 1		头脑风暴法（如何清除电线积雪）									评价组别						
评价项目	分值	评价等级									1	2	3	4	5	6	7
组织合理	10	优	9	良	8	中	7	及格	6	不及格	5						
团队协作	15	优	12	良	10	中	8	及格	6	不及格	5						
实训效率	15	优	12	良	10	中	8	及格	6	不及格	5						
实训质量	15	优	12	良	10	中	8	及格	6	不及格	5						
实训规范	15	优	12	良	10	中	8	及格	6	不及格	5						
成果展示	15	优	12	良	10	中	8	及格	6	不及格	5						
创新程度	15	优	12	良	10	中	8	及格	6	不及格	5						
合计	100																

4. 综合评价

综合评价表如表 1.5 所示。

表 1.5　综合评价表

班级：	姓名：	学号：	组别：
小组自评（15%）	小组互评（25%）	教师评价（60%）	综合评价

> 思政元素

(1) 开拓创新的精神。

(2) 严谨的治学态度和科学精神。

（3）团队合作精神，奉献和互帮互助精神。
（4）探索未知、追求真理、勇攀高峰的责任感和使命感。
（5）终身学习的习惯。

教师总结

教师结合课程思政元素对各小组头脑风暴法实训的实施过程、汇报过程及展示成果等进行分析、总结和点评，将头脑风暴法的相关知识点和内容进行讲解、梳理、强化和总结。

拓展练习

炎炎夏日如何进行防暑降温？

以小组为单位，按照前述流程，利用头脑风暴法开展讨论。

子模块 2 列举法

> 创新故事

新型水泥的发明

自 1878 年法国发明天然水泥以来,水泥以它独特的性能独占建筑材料的鳌头。为了适应某些特殊工程和特殊环境的需要,人们对水泥提出了更高的要求和希望,也陆续发明了许多新型水泥。

速凝水泥:这种水泥能在短时间凝固,可在修复飞机跑道、堤坝及水下建筑物等工程的施工中显"身手"。

粘接水泥:用来修补断裂的水泥构件,其牢固程度高于原先未损坏的部分,施工简便,被誉为"焊接水泥"。

弹性水泥:普通的水泥材料抗拉性能极差,倘若泥浆中添加一些细小的强化纤维,其弹力则增加 100 倍。这种弹性水泥特别适用于抗弯曲和振动的地方。目前,有些国家甚至制造出水泥弹簧。

变色水泥:掺入少量二氧化钴的水泥具有变色功能,空气干燥时呈蓝色,空气潮湿时变成紫色,下雨时又变成玫瑰色。用这种水泥盖起的房子,等于耸立起一座天然的"气象台",美化环境的效果很好。

可加热的水泥:加入金属颗粒和纤维的水泥通上电后,水泥就会变热。这种水泥特别适合铺设寒冷地区的路面和机场跑道,可防止结霜和积雪。

家具水泥:这种特制的水泥板材的性能几乎与木材一样,可以锯、刨、钉。用它制作的家具可与木制家具相媲美,是一种便宜又耐用的家具替代品。

医用水泥:这种可塑性特强的水泥不是用来盖病房的,而是一种新型的补牙填料。

以上新型水泥就是运用希望点列举法获得的创新成果。

学习情境

一种外配式多功能塔尺照明装置

摘要

本实用新型公开了一种外配式多功能塔尺照明装置,包括壳体:所述壳体内置连接电池和 LED 灯泡的导线;电池盒:所述电池盒连接壳体后部,电池盒内置电池;塔尺夹:所述塔尺夹固定在壳体前部两侧,壳体以及电池盒通过塔尺夹夹在塔尺上;LED 灯泡:所述 LED 灯泡设置在塔尺夹外延上,方向向内。本实用新型照明装置整体通过塔尺夹夹在塔尺上,塔尺上的 LED 灯泡照亮塔尺,从而提供持久稳定的照明光源,更好地适应光线不良环境,以不影响观测人员的正常观测,满足在不同不良环境下进行测量的要求,提高了工程测量的效率。

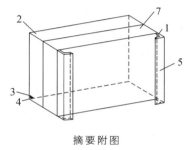

摘要附图

权利要求书

(1)一种外配式多功能塔尺照明装置,其特征在于,包括壳体 7:所述壳体 7 内置连接电池和 LED 灯泡 1 的导线;电池盒 2:所述电池盒 2 连接壳体 7 后部,电池盒 2 内置电池;塔尺夹 5:所述塔尺夹 5 固定在壳体 7 前部两侧,壳体 7 以及电池盒 2 通过塔尺夹 5 夹在塔尺上;LED 灯泡 1:所述 LED 灯泡 1 设置在塔尺夹 5 外延上,方向向内。

(2)根据权利要求(1)所述的一种外配式多功能塔尺照明装置,其特征在于,所述塔尺夹 5 具有一定弹性,可以夹住塔尺,并能通过外力在塔尺上上下移动。

(3)根据权利要求(2)所述的一种外配式多功能塔尺照明装置,其特征在于,所述电池盒 2 后连接伸缩杆 6,塔尺夹 5 随伸缩杆 6 的伸缩而上下移动。

(4)根据权利要求(3)所述的一种外配式多功能塔尺照明装置,其特征在于,所述伸缩杆 6 有多节。

(5)根据权利要求(3)所述的一种外配式多功能塔尺照明装置,其特征在于,所述伸缩杆 6 上有用于调节 LED 灯泡亮度的调节开关 8。

(6)根据权利要求(1)所述的一种外配式多功能塔尺照明装置,其特征在于,伸缩杆末端有把手。

(7)根据权利要求(1)所述的一种外配式多功能塔尺照明装置,其特征在于,电池盒 2 上设有 USB 口 4。

(8)根据权利要求(1)所述的一种外配式多功能塔尺照明装置,其特征在于,电池盒 2 上设有充电口 3。

说明书：一种外配式多功能塔尺照明装置

技术领域

本实用新型涉及一种测绘仪器，尤其涉及一种外配式多功能塔尺照明装置。

技术背景

塔尺是工程技术人员进行工程测量、地形测量的必备工具之一。在使用水准仪的时候就需要配合使用塔尺，以对某地的地形进行高程测量。在测绘工作中，塔尺用来传递高程，从而建立一个协调的高程系统；在建筑行业中，从早期的场地平整、基坑开挖，到后来的主体建造，直至整个工程结束，水准仪和塔尺都起到重要作用。但是在测量过程中需要一定的亮度环境才能进行读数，其光线情况会直接影响水准仪的使用速度和准确性。在现今技术中，水准测量只能在白天且光线充足的情况下使用，对于夜间、雾天或光线较暗的环境下，水准仪就无法读出塔尺上的刻度。

发明内容

本实用新型的目的是：提供一种外配式多功能塔尺照明装置，能够较好地满足夜晚测量和雾天测量的要求，更好地适应光线不良环境，满足在不同不良环境下进行测量的要求。

为解决上述技术问题，本实用新型采用以下技术方案。一种外配式多功能塔尺照明装置，包括壳体：所述壳体内置连接电池和LED灯泡的导线；电池盒：所述电池盒连接壳体后部，电池盒内置电池；塔尺夹：所述塔尺夹固定在壳体前部两侧，壳体以及电池盒通过塔尺夹夹在塔尺上；LED灯泡：所述LED灯泡设置在塔尺夹外延上，方向向内。

采用上述技术方案的有益效果是：照明装置整体通过塔尺夹夹在塔尺上，塔尺上的LED灯泡照亮塔尺，从而提供持久稳定的照明光源，更好地适应光线不良环境，以不影响观测人员的正常观测，满足在不同不良环境下进行测量的要求，同时提高工程测量的效率。

本实用新型的进一步改进在于：所述塔尺夹具有一定的弹性，可以夹住塔尺，并能通过外力在塔尺上下移动。

采用上述技术方案的有益效果是：利用塔尺夹的弹性夹住塔尺，同时利用外力（手动推，伸缩杆的推力）使照明装置整体在塔尺上上下移动，类似游标卡尺上的游标在卡尺上移动。

本实用新型进一步改进在于：所述电池盒后连接伸缩杆，塔尺夹随伸缩杆的伸缩而上下移动。

采用上述技术方案的有益效果是：由于塔尺刻度线较高，当读数位置处于人不能触及的高度时，可以通过伸缩杆将照明装置升上去。

本实用新型的进一步改进在于：所述伸缩杆有多节。

采用上述技术方案的有益效果是：可以满足照明装置有足够的调节高度，其原理与现有普通伸缩杆一样，如自拍杆。

本实用新型的进一步改进在于：所述伸缩杆上有用于调节LED灯泡亮度的调节开关。

采用上述技术方案的有益效果是：根据光线环境的不同，可以调节LED灯泡亮度，适应性好，更加节能。

本实用新型的进一步改进在于：伸缩杆末端有把手。

采用上述技术方案的有益效果是：便于手持控制伸缩杆。

本实用新型的进一步改进在于：电池盒上设有USB口。

本实用新型的进一步改进在于：电池盒上设有充电口。

采用上述技术方案的有益效果是：便于电池充电。

附图说明

图1.1是照明装置的立体图。

图1.2是照明装置的侧面图。

图1.3是照明装置的俯视图。

图1.4是照明装置伸缩杆的立体图。

其中：1—LED灯泡；2—电池盒；3—充电口；4—USB口；5—塔尺夹；6—伸缩杆；7—壳体；8—调节开关。

具体实施方式

下面结合附图对本实用新型作进一步详细说明。

在本实用新型的描述中，需要说明的是，除非另有明确的规定和限定，术语"安装""相连""连接"应作广义理解，例如，可以是固定连接，也可以是可拆卸连接，或一体连接；可以是机械连接，也可以是电连接；可以直接相连，也可以通过中间媒介间接相连，可以是两个元件内部的连通。对于本领域的普通技术人员而言，可以根据具体情况理解上述术语在本实用新型中的具体含义。

本实用新型的一种实施方式：如图1.1所示，一种外配式多功能塔尺照明装置，包括壳体7；所述壳体7内置连接电池和LED灯泡1的导线；电池盒2；所述电池盒2连接壳体7后部，电池盒2内置电池；塔尺夹5；所述塔尺夹5固定在壳体7前部两侧，壳体7以及电池盒2通过塔尺夹5夹在塔尺上；LED灯泡1；所述LED灯泡1设置在塔尺夹5外延上，方向向内。照明装置整体通过塔尺夹夹在塔尺上，塔尺上的LED灯泡照亮塔尺，从而提供持久稳定的照明光源，更好地适应光线不良环境，以不影响观测人员的正常观测，满足在不同不良环境下进行测量的要求，同时提高了工程测量的效率。

在本实用新型的另一些具体实施方式中，其余与上述实施方式相同，不同之处在于，如图1.1所示，所述塔尺夹5具有一定弹性，可以夹住塔尺，并能通过外力在塔尺5上上下移动。利用塔尺夹的弹性夹住塔尺，同时利用外力（手动推，伸缩杆的推力）使照明装置整体在塔尺上上下移动，类似游标卡尺上的游标在卡尺上移动。

在本实用新型的另一些具体实施方式中，其余与上述实施方式相同，不同之处在于，如图1.2和图1.3所示，所述电池盒2后连接伸缩杆6，塔尺夹5随伸缩杆6的伸缩而上下移动。由于塔尺刻度线较高，当读数位置处于人不能触及的高度时，可以通过伸缩杆，将照明装置升上去。

在本实用新型的另一些具体实施方式中，其余与上述实施方式相同，不同之处在于，如图1.4所示，所述伸缩杆6有多节，可以满足照明装置有足够的调节高度，其原理与现有普通伸缩杆一样，如自拍杆。

在本实用新型的另一些具体实施方式中，其余与上述实施方式相同，不同之处在于，如图1.4所示，所述伸缩杆6上有用于调节LED灯泡亮度的调节开关8，它可以根据光线环境的不同调节LED灯泡的亮度，使装置适应性更好，更加节能。

在本实用新型的另一些具体实施方式中，其余与上述实施方式相同，不同之处在于，如图1.4所示，伸缩杆末端有把手，便于手持控制伸缩杆。

在本实用新型的另一些具体实施方式中，其余与上述实施方式相同，不同之处在于，如图1.1所示，电池盒2上设有USB口4，便于电池充电。

在本实用新型的另一些具体实施方式中，其余与上述实施方式相同，不同之处在于，如图 1.1 所示，电池盒 2 上设有充电口 3，便于电池充电。

当然上述实施方式只为说明本实用新型的技术构思及特点，其目的在于让熟悉此项技术的人能够了解本实用新型的内容并据以实施，并不能以此限制本实用新型的保护范围。凡根据本实用新型主要技术方案的精神实质所作的等效变换或修饰，都应涵盖在本实用新型的保护范围之内。

说明书附图

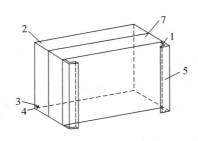

图 1.1　照明装置的立体图

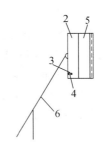

图 1.2　照明装置的侧面图

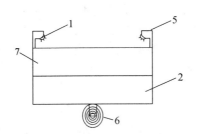

图 1.3　照明装置的俯视图

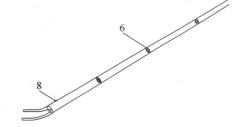

图 1.4　照明装置伸缩杆的立体图

为了便于准确、清楚地表达该专利的构造、组成及功能作用，建立了该专利的 3D 模型图，具体如图 1.5 和图 1.6 所示。

图 1.5　照明装置的正视 3D 图

图 1.6　照明装置的侧视 3D 图

上述专利仍有改进和完善的地方，请各小组运用列举法对上述专利进行改进，得出新的创新成果。

学习目标

（1）掌握列举法的基本概念。
（2）理解列举法的原理和分类。
（3）明确列举法的特点及实施步骤。
（4）能运用列举法创新性地解决实际问题。

任务分组

任务分组表如表1.6所示。

表1.6　任务分组表

班级		组号		指导老师		备注	
组长		分工职责					
组员1		分工职责					
组员2		分工职责					
组员3		分工职责					
组员4		分工职责					
组员5		分工职责					

相关知识点

一、列举法的基本概念及原理

1. 列举法的概念

列举法是在美国内布拉斯加大学克劳福德（Robert Crawford）教授创造的属性列举法的基础上形成的，是运用发散性思维克服思维定式的一种创新技法。具体来说，该技法对一具体事物的特定对象（如特性、优缺点等）从逻辑上进行分析，并将其本质内容全面地罗列出来，再针对列出的项目——提出改进。

2. 列举法的原理

在列举法的运用中，根据所依据的基本原理不同，列举法可以划分为特性列举法、缺点列举法、希望点列举法三类。特性列举法依据的基本原理是：将事物按名词特性、形容词特性、动词特性化整为零，有利于集中精力思考创意。缺点列举法的基本原理是：事物客观存在的缺点与人们追求事物完美之间的矛盾是创新的动力。希望点列举法的基本原理是：需要和希望是创新之母，列举有需求价值的希望点可以形成创新课题。

二、怎样运用列举法

1. 列举法的特点

（1）列举法采用了系统分析的方法，重视需求的分析，使创造过程系统化、程序化。

(2)列举法运用分解和分析的方法,在详尽分析的基础上进行列举。

(3)列举法简单、实用,是一种较为直接的创造技法,特别适用于新产品开发、旧产品改造的创造性发问过程。

(4)列举法不仅是创造性发问的主要技法,而且为创造性解决问题提供了方向和思路。

2.列举法实施步骤

1)特性列举法

例如,要改革烧水用的水壶,可以把水壶按名词、形容词、动词特性化整为零。

名词特性——整体:水壶;部分:壶嘴、壶柄、壶盖、壶身、壶底、气孔;材料:铝、铁皮、钢筋、铜皮、搪瓷等;制造方法:冲压、焊接。

形容词特性——颜色:黄色、白色、灰色;重量:轻、重;形状:方、圆、椭圆;大小:高低等。

动词特性——装水、烧水、倒水、保温等。

将这些特性分别予以研究,只要革新其中一个或几个部分,就可以导致水壶整体性能改变。

创新技法成熟的重要标志之一是具有可供操作的程序或步骤。运用特性列举法开展创新活动,一般可按以下三个步骤进行。

(1)确定研究对象:研究对象应当选择一个比较明确的革新课题,课题宜小不宜大,如果课题较大,则应将其分解成若干个小课题。

(2)列举研究对象的特性。

① 名词特性:性质、材料、整体等。

② 形容词特性:颜色、形状、大小等。

③ 动词特性:机能、作用、功能等。

(3)分析、鉴别特性,提出革新方案:通过提问,诱发出革新或完善本质特性的方案。

例如,前面提到的要革新烧水用的水壶,根据名词特性可以提出:壶嘴是否太长?壶柄能否改用塑料?壶盖能否用冲膜压制?根据形容词特性可以提出:怎样使造型更美观?怎样使重量更轻?根据动词特性可以提出:怎样倒水更方便?怎样烧水更节能?怎样改进更保温?这一思路的革新成果:这种壶的气孔设在壶口,水烧开后产生蒸气会自动鸣笛,壶盖上无孔,提壶时不会烫手。

2)缺点列举法

例如,对家用洗衣机的改进,首先需要了解消费者对洗衣机的求优愿望。

实施步骤如下。

(1)确定改进对象:对已有物品求优需求的调研是确定改进对象的基础。

(2)列举改进对象的缺点。

① 列出核心缺点:根据现有物品的功能或职能不能满足消费者的基本愿望,挑出功能性缺点。

② 列出形式缺点:根据现有物品的质量水平、设计风格、包装和品牌等方面的不足,挑出形式性缺点。

③ 列出延伸缺点:根据现有物品进入市场后,在销售、服务等方面存在的问题,挑出影响消费者利益的延伸缺点。

④ 列出隐性缺点:现有物品不易被人觉察的非显性缺点。

(3)分析鉴别缺点,提出改进方案。

这一步骤一般有两种思路:一是针对某种缺点进行改进设计;二是应用逆向思维思考某

种缺点能否成为另一种优点(缺点逆用法)。

3)希望点列举法

例如,钢笔创新、雨伞创新、洗衣机创新、手机创新、空调创新、电脑创新。

实施步骤如下。

(1)确定创新目标:以满足社会的某种需要为依据确定创新目标。

(2)列举创新目标的希望点。

召开希望点列举会,每次邀请5~10人参加。会前由主持人确定探讨的创新目标,会上围绕既定目标尽可能地思索各种希望,会后分类整理出希望点。希望可以按其特征分为理想型、超前型和幻想型三类。

① 理想型希望,是希望现有事物尽可能完善,达到人们心目中的理想化模式,如电灯泡长寿、节能。

② 超前型希望,是超越现实的潜在欲望,如工薪阶层对家用轿车、别墅的期待。

③ 幻想型希望,是钟情于某种大胆的向往与寄托,如开发返老还童的药品、不耗能的机械等。

(3)分析鉴别希望,形成研制课题。

只有将希望转化成研制课题后,运用希望点列举法实施创新的实质性工作才算开始。

例如,希望有长寿灯泡,这种希望并不是实际课题,将这种希望转化为开发电子灯泡,使其达到长寿的性能要求,希望才成为明确的创新课题。

运用希望点列举法的创新性集中表现在两个方面:一是将希望转换为具有开发价值的新课题;二是设计出切实可行的新技术方案。

实训准备

(1)阅读给出的学习情境,收集本次列举法主题的相关资料。
(2)研究分析学习情境中给出的专利。
(3)熟悉列举法的基本概念、原理及分类。
(4)明确列举法的实训步骤。
(5)准备好实训所需要的纸张、签字笔、笔记本电脑等材料和设备。

实训实施

(1)确定分组组长及组员成员。
(2)确定列举法的主题。
(3)确定采用何种列举法进行创新活动。
(4)明确各组成员的分工职责。
(5)梳理并筛选通过列举法获得的创新成果。
(6)展示并汇报最终的创新成果。

考核与评价

1.小组自评

小组自评表如表1.7所示。

表 1.7 小组自评表

班级：		姓名：		学号：		组别：	
子模块 2			列举法（一种外配式多功能塔尺照明装置）				
评价项目		评价标准				分值	得分
列举法的基本概念		能明确列举法的基本概念				10	
对应列举法的基本原理		能明确列举法的基本原理				10	
特性列举法/缺点列举法/希望点列举法的实施步骤		能正确理解特性列举法/缺点列举法/希望点列举法的实施步骤				10	
特性列举法/缺点列举法/希望点列举法的运用		能正确且熟练地运用特性列举法/缺点列举法/希望点列举法开展实训				10	
创新成果筛选		能高效筛选出列举法获得的最优创新成果				10	
创新成果展示		能运用多种方式恰当、合理、准确、全面地表述出创新成果				10	
实训态度		能做到无故不缺勤、不迟到、不早退，态度端正				10	
实训质量		能高质量完成实训任务				10	
团队协作能力		能与团队成员合作交流，协作开展实训				10	
创新意识和能力		能提出新颖的创新观点或者方法				10	
		合计				100	

2.小组互评

小组互评表如表 1.8 所示。

表 1.8 小组互评表

子模块 2		列举法（一种外配式多功能塔尺照明装置）									评价组别					
评价项目	分值	评价等级									1	2	3	4	5	6	7
组织合理	10	优	9	良	8	中	7	及格	6	不及格	5						
团队协作	15	优	12	良	10	中	8	及格	6	不及格	5						
实训效率	15	优	12	良	10	中	8	及格	6	不及格	5						
实训质量	15	优	12	良	10	中	8	及格	6	不及格	5						
实训规范	15	优	12	良	10	中	8	及格	6	不及格	5						
成果展示	15	优	12	良	10	中	8	及格	6	不及格	5						
创新程度	15	优	12	良	10	中	8	及格	6	不及格	5						
合计	100																

3.教师评价

教师评价表如表 1.9 所示。

表 1.9 教师评价表

子模块 2		列举法（一种外配式多功能塔尺照明装置）							评价组别						
评价项目	分值	评价等级							1	2	3	4	5	6	7
组织合理	10	优	9	良	8	中	7	及格	6	不及格	5				
团队协作	15	优	12	良	10	中	8	及格	6	不及格	5				
实训效率	15	优	12	良	10	中	8	及格	6	不及格	5				
实训质量	15	优	12	良	10	中	8	及格	6	不及格	5				
实训规范	15	优	12	良	10	中	8	及格	6	不及格	5				
成果展示	15	优	12	良	10	中	8	及格	6	不及格	5				
创新程度	15	优	12	良	10	中	8	及格	6	不及格	5				
合计	100														

4.综合评价

综合评价表如表 1.10 所示。

表 1.10 综合评价表

班级：	姓名：	学号：	组别：
小组自评(15%)	小组互评(25%)	教师评价(60%)	综合评价

思政元素

（1）科技报国的家国情怀和使命担当。
（2）探索未知、追求真理、勇攀高峰的责任感和使命感。
（3）敢于承受压力、勇于突破现状、敢于尝试的品格。
（4）团队沟通、组织协作的能力。
（5）专业水准、职业精神。

教师总结

教师结合课程思政元素对各小组的实训实施过程、汇报过程及创新成果等进行分析、总结和点评，将列举法的相关知识点和内容进行讲解、梳理、强化和总结。

拓展练习

一种三角形激光放线板

摘要

本实用新型公开了一种三角形激光放线板，包括三角形钢底板、红外线仪和可伸缩固

摘要附图

定脚架,三角形钢底板上设置圆形塑料板和圆水准气泡,所述圆形塑料板上设有十字坐标和数字,圆形塑料板是透明的,所述圆水准气泡主要用于三角形钢底板的整平;所述三角形钢底板的下面设有可伸缩固定脚架用于调整三角形钢底板的高度;所述可伸缩固定脚架上设有六边形焦螺旋,所述三角形钢底板上设有红外线仪,本实用新型多功能三角板工作时只需将可伸缩固定脚架放下,调节六边形焦螺旋进行整平,然后将红外线仪打开,就可以进行楼层上下的投点,也可用于楼层中水平线的放置。

权利要求书

(1)一种三角形激光放线板,其特征在于:包括底板1和设置在所述底板下端的若干个可伸缩脚架2,所述底板中间设有卡槽结构3,所述卡槽结构内放置塑料板4,所述底板的侧面设有圆水准气泡5,所述底板的上端面设有红外线仪6,所述红外线仪上设有六边形辊轮7,所述红外线仪上设有横向伸缩杆8,在所述红外线仪旁设有转轴9。

(2)根据权利要求(1)所述的一种三角形激光放线板,其特征在于:所述底板为三角形形状,且为铝钢材质。

(3)根据权利要求(1)所述的一种三角形激光放线板,其特征在于:所述塑料板为圆形结构。

(4)根据权利要求(3)所述的一种三角形激光放线板,其特征在于:所述三角形底板的厚度比所述圆形结构塑料板的厚度厚。

(5)根据权利要求(1)所述的一种三角形激光放线板,其特征在于:所述横向伸缩杆的下端设有竖向固定杆10,在所述竖向固定杆底部设有圆形限位块11。

(6)根据权利要求(5)所述的一种三角形激光放线板,其特征在于:在所述竖向固定杆的底部设有条形限位块12。

(7)根据权利要求(1)所述的一种三角形激光放线板,其特征在于:所述可伸缩脚架的下方设置六边形焦螺旋13,所述六边形焦螺旋与所述可伸缩脚架的连接处设有垫块14。

(8)根据权利要求(7)所述的一种三角形激光放线板,其特征在于:所述可伸缩脚架的下方设有六边形调节块15。

说明书:一种三角形激光放线板

技术领域

本实用新型属于建筑施工技术领域,主要用于楼层上、下点位的投射,还有房间内水平线的放置,尤其涉及一种楼房主体结构施工用放样定位装置。

技术背景

在楼房主体结构施工过程中,当本层混凝土浇筑完成后,在对本层进行后续施工时,由于没有参照线,很难对需要的模板进行支设,在传统施工中,利用铅垂仪辅助施工层进行放样定位,在定位过程中由于铅垂仪位置的变化,需要进行多次手工对点来确定模板位置,放线的误差较大,且多次对点效率低、精度差,产生误差后校正难度增加,阻碍正常的施工。

目前在放线过程中,大多选用轻质、透明放线板,在透明板上方粘一张白纸,当红外线点投上来以后,用笔在白纸上画出点的位置,采用此种方法确定位置时,一方面透明板板底无抗滑移装置,点对中后透明板容易出现移动,使对中的点出现偏差;另一方面透明板上无定位装置,每次架仪器都要回到原点进行手工对点,过程烦琐且误差大。

中国专利(授权公告号:CN 211229590 U,授权公告日:2020年8月11日),公开了一种楼房主体结构施工用放样定位装置,只可以在楼层放线的时候进行上、下点接收,但不能进行投点工作,只能在楼层上、下投点时进行点位确定。

实用新型内容

本实用新型目的是提供一种建筑工地多功能三角板,这种三角板具有较好的使用性,可以大大减少放线人员的放线时间,操作简单、方便,可以在一定程度上取代铅垂投点仪,也可用于水平线的投射,提高放线的精确性。

为了实现上述目的,本实用新型提供了一种三角形激光放线板,包括底板和设置在所述底板下端的若干个可伸缩脚架,所述底板中间设有卡槽结构,所述卡槽结构内放置塑料板,所述底板的侧面设有圆水准气泡,设置所述圆水准气泡是为了帮三角形钢材质底板进行找平,所述底板的上端面设有红外线仪,所述红外线仪上设有六边形辊轮,所述红外线仪侧边设有的所述六边形辊轮用于调节红外线的粗细,所述红外线仪上设有横向伸缩杆,设置所述横向伸缩杆可以用于调整所述红外线仪的伸缩动作,在所述红外线仪旁设有转轴。

本实用新型的进一步改进在于:所述底板为三角形形状,且为铝钢材质。所述三角形形状的底板由铝钢制作,并且有较高的硬度,不会轻易变形。

本实用新型的进一步改进在于:所述塑料板为圆形结构。

本实用新型的进一步改进在于:所述三角形钢底板的厚度比所述圆形结构塑料板的厚度厚。

本实用新型的进一步改进在于:所述横向伸缩杆的下端设有竖向固定杆,所述竖向固定杆的底部设有圆形限位块,设置所述圆形限位块可以限制竖向固定杆前后、左右移动。本实用新型的进一步改进在于:所述竖向固定杆的底部设有条形限位块,设置所述条形限位块可以限制红外线仪随意转动,只可以实现90°的转动。

本实用新型的进一步改进在于:所述可伸缩脚架的下方设置六边形焦螺旋,设置所述六边形焦螺旋可以通过调整脚架的高度来控制所述三角形钢底板的整平,所述六边形焦螺旋与所述可伸缩脚架的连接处设有垫块,设置所述垫块可以更好地保护所述可伸缩脚架。

本实用新型的进一步改进在于:所述可伸缩脚架的下方设有六边形调节块,设置所述六边形调节块可以调整所述可伸缩脚架的高度。

有益效果:本实用新型不仅可以在楼层之间进行点位投放,还可以在楼层房间内部水平点进行点位投放,不仅可以进行点位校核,还可以进行投点操作,具有较好的使用性,可以大大减少放线人员的放线时间,并且整体操作简单、方便,可以在一定程度上取代铅垂投点仪,也可用于水平线的投射,提高放线的精确性,使用寿命也优于市场上常见的激光放线板。

附图说明

图 1.7 是本实用新型的结构示意图。

图 1.8 是本实用新型的红外线仪整体图。

图 1.9 是本实用新型的红外线仪局部图。

图 1.10 是本实用新型的可折叠脚架整体图。

图 1.11 是本实用新型的结构俯视图。

图 1.12 是本实用新型的结构正面图。

图中：1—底板；2—可伸缩脚架；3—卡槽结构；4—塑料板；5—圆水准气泡；6—红外线仪；7—六边形辊轮；8—横向伸缩杆；9—转轴；10—竖向固定杆；11—圆形限位块；12—条形限位块；13—六边形焦螺旋；14—垫块；15—六边形调节块。

具体实施方式

结合附图对本实用新型作进一步说明，使本实用新型的目的、用途、优点更加清楚。

本实用新型提供了一种三角形激光放线板，包括三角形形状底板 1 和设置在所述三角形形状底板 1 下端的三个可伸缩脚架 2，所述底板 1 为铝钢材质，有较高的硬度，不会轻易变形，所述底板 1 中间设有卡槽结构 3，所述卡槽结构 3 内放置圆形塑料板 4，所述圆形塑料板 4 上刻有十字坐标和数字以用于投点时更好地进行点位对接，所述圆形塑料板 4 为透明色，便于使用，所述三角形结构底板 1 的厚度比所述圆形结构塑料板 4 的厚度厚，这样的结构设置可以更好地保护在正常放线时所述圆形塑料板 4，防止所述圆形塑料板 4 被破坏。

所述底板 1 的侧面设有圆水准气泡 5，设置所述圆水准气泡 5 是为了帮助三角形钢材质的底板 1 进行找平，所述底板 1 的上端面设有红外线仪 6，所述红外线仪 6 上设有六边形辊轮 7，所述红外线仪 6 侧边设有的六边形辊轮 7 用于调节红外线的粗细，所述红外线仪 6 上设有横向伸缩杆 8，设置所述横向伸缩杆 8 可以用于调整所述红外线仪 6 的伸缩动作，在所述红外线仪 6 旁设有转轴 9。

所述横向伸缩杆 8 的下端设有竖向固定杆 10，在所述竖向固定杆 10 底部设有圆形限位块 11，设置所述圆形限位块 11 用于限制所述竖向固定杆 10 前后、左右移动，在所述竖向固定杆 10 的底部设有条形限位块 12，设置所述条形限位块 12 可以用于限制红外线仪随意转动，只可以实现 90°的转动；所述可伸缩脚架 2 的下方设置六边形焦螺旋 13，设置所述六边形焦螺旋 13 可以调整所述可伸缩脚架 2 的高度，从而用来控制三角形底板 1 的整平，所述六边形焦螺旋 13 与所述可伸缩脚架 2 的连接处设有垫块 14，设置所述垫块 14 可以更好地保护所述可伸缩脚架 2，所述可伸缩脚架 2 的下方设有六边形调节块 15，设置所述六边形调节块 15 可以用于调整所述可伸缩脚架 2 的高度。

所述红外线仪 6 通过所述横向伸缩杆 8 和所述竖向固定杆 10 以及三角形钢材质的所述底板 1 进行衔接，所述红外线仪 6 可通过所述横向伸缩杆 8 进行长度调整，也可通过所述竖向固定杆 10 进行 90°的旋转，所述红外线仪 6 可以通过所述转轴 9 进行转动，不仅可以实现竖向点位投射，还可以进行水平方向点投射，下部位置的所述可伸缩脚架 2 是可折叠的固定脚架，且上面设有所述六边形焦螺旋 13 以用于整平。

本实用新型结构合理、简单，在一定程度上可以代替铅垂投点仪，大大减少了在放线上花费的时间,准确度大大提高了,并且提高了放线人员的工作效率,工作时只需要将三角形钢材质的所述底板整平好,并且通过所述圆形塑料板与原始点进行对接,然后将所述红外线仪转到适当位置,调整红外线的粗细就可以进行楼层上下投点,操作简单、方便。

需要说明的是,在本文中,诸如"第一""第二"等之类的关系术语仅仅用来将一个实体或操作与另一个实体或操作区分开来,不一定要求或者暗示这些实体或操作之间存在任何这种实际的关系或者顺序。而且,术语"包括""包含"或者其任何其他变体意在涵盖非排他性的包含,从而使得包括一系列要素的过程、方法、物品、设备不仅包括那些要素,还包括没有明确列出的其他要素,或者还包括为这种过程、方法、物品或者设备所固有的要素。同时在本实用新型的描述中,需要理解的是,术语"中心""纵向""横向""长度""宽度""厚度""上""下""前""后""左""右""竖直""水平""顶""底""内""外""顺时针""逆时针"等指示的方位或位置关系为基于附图所示的方位或位置关系,仅是为了便于描述本实用新型和简化描述,而不指示或暗示所指的设备或元件必须具有特定的方位、以特定的方位构造和操作,因此不能理解为对本实用新型的限制。在本实用新型的附图中,填充图案只是为了区别图层,不作其他任何限定。

尽管已经示出和描述了本实用新型的实施例,但对于本领域的普通技术人员而言,可以在不脱离本实用新型的原理和精神的情况下对这些实施例进行多种变化、修改、替换和变型,本实用新型的范围由所附权利要求及其等同物限定。

说明书附图

图 1.7　结构示意图

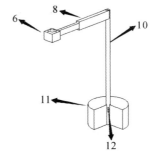

图 1.8　红外线仪整体图

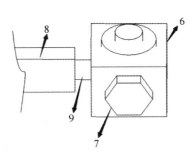

图 1.9　红外线仪局部图

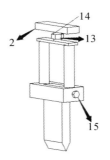

图 1.10　可折叠脚架整体图

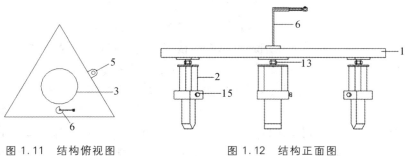

图 1.11　结构俯视图　　　　图 1.12　结构正面图

为了更形象地表达该专利的构造、组成及功能作用,建立了该专利的 3D 模型图,具体如图 1.13 所示。

图 1.13　3D 模型图

分析上述专利,以小组为单位,按照前述流程,选用合适类型的列举法进行分析与改进,获得创新成果。

子模块 3 组合法

创新故事

"趣味糖果"的发明

1987年,美国的两个邮递员科尔曼和施洛特无意中看到一个小孩拿着一种发亮光的荧光棒。这家伙能派上什么用场呢?在胡思乱想中,两人随手把棒棒糖放在荧光棒顶端。结果,光线穿过半透明的糖果,显现出一种奇幻的效果。这一小小的发现让两人惊喜不已。他们为此申请了发光棒棒糖专利,还把这个专利卖给了开普糖果公司。

通过普通糖果与荧光棒进行组合得到了"趣味糖果",充分体现了组合法中异类组合的运用和成果。

学习情境

一种大体积混凝土整平养护机

摘要

本实用新型涉及一种大体积混凝土整平养护机,包括养护机机身,所述混凝土整平养护机机身通过伸缩臂与养护机工作头连接。所述养护机工作头包括膜箱,所述膜箱上端设有伸缩杆,所述伸缩杆上端中央与所述伸缩臂连接,所述伸缩杆上端外侧设有激光接收器。所述膜箱下方设有六边形压实辊,所述六边形压实辊包括六边形压实辊本体,所述六边形压实辊本体内部设有振动棒,所述振动棒与所述六边形压实辊本体之间设有转轴结构。所述六边形压实辊后端通过连接杆连接圆形整平辊,所述圆形整平辊与所述伸缩杆连接。所述六边形压实辊前、后两侧均设有整平板,远离所述养护机机身一侧的整平板上设有固定板,所述固定板上设有圆形辊。

权利要求书

（1）一种大体积混凝土整平养护机，包括养护机机身和养护机工作头，其特征在于：所述养护机机身和所述养护机工作头之间通过伸缩臂连接，所述养护机工作头包括膜箱，所述膜箱上端设有伸缩杆，所述伸缩杆与所述伸缩臂连接，所述伸缩杆上端外侧设有激光接收器，所述膜箱下方设有压实辊，所述压实辊包括压实辊本体，所述压实辊本体内部设有振动棒，所述振动棒与所述压实辊本体之间设有转轴结构，所述压实辊后端通过连接杆连接整平辊，所述整平辊与所述伸缩杆连接，所述压实辊前、后两侧均设有整平板，远离所述养护机机身一侧的整平板上设有固定板，所述固定板设有圆形辊。

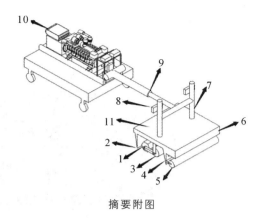

摘要附图

（2）根据权利要求（1）所述的一种大体积混凝土整平养护机，其特征在于：所述压实辊本体的纵截面呈六边形结构。

（3）根据权利要求（1）所述的一种大体积混凝土整平养护机，其特征在于：所述伸缩杆的纵截面呈 H 形结构。

（4）根据权利要求（1）所述的一种大体积混凝土整平养护机，其特征在于：所述整平辊的纵截面呈圆形结构。

（5）根据权利要求（1）所述的一种大体积混凝土整平养护机，其特征在于：所述伸缩杆的中央位置设置横杆结构，所述横杆结构与所述伸缩臂连接。

（6）根据权利要求（1）所述的一种大体积混凝土整平养护机，其特征在于：所述整平板的下方设有挡料布。

（7）根据权利要求（1）所述的一种大体积混凝土整平养护机，其特征在于：远离所述养护机机身一侧的所述整平板上的固定板与所述整平板垂直设置。

（8）根据权利要求（1）所述的一种大体积混凝土整平养护机，其特征在于：所述膜箱的出膜口形状为三角形。

说明书：一种大体积混凝土整平养护机

技术领域

本实用新型属于混凝土施工设备的技术领域，特别涉及一种大体积混凝土整平养护机。

技术背景

激光整平机是根据现代工业厂房、大型商场、货仓及其他大面积水泥混凝土地面等对地面质量（如强度、平整度、水平度等）越来越高的需求而研制的。使用精密激光整平机铺注的水泥混凝土地面较按常规方法铺注的地面质量要好得多，并且现在大体积混凝土施工的时候都会在混凝土里加入速凝剂，所以为减少工人的工作量、缩短工期，往往在混凝土整平好后进行养护膜铺贴。

中国专利（公告号：CN205688325U，公告日：2016 年 11 月 16 日）公开了混凝土激光整平机，公开了可行走车体和设于车尾的可升降调节的摆架，摆架下部设有振动板，振动板上设有振动电机,振动板一侧设有可升降调节的刮板。上述实用新型混凝土激光整平机通过车体牵拉摆架和刮板移动,由刮板将混凝土地面上的鼓包刮平,在工作的过程中,首先将大部分多余的混凝土推送到边缘处,再利用振动电机振动混凝土,并利用刮板将混凝土刮平整。然而刮板在刮除少量多余混凝土的时候往往会抵接到大块的混凝土,并造成大块混凝土被翻起,从而容易造成修整后的混凝土地面出现凹凸坑洼。现有技术中通常采用尼龙进行初平,初平效果一般,并且在长轴上用振动块左右移动进行振捣,振捣的效果和效率一般。同时现有产品只能进行一次整平工作,整平效果不佳,且现有的膜箱下面没有设置专门将养护膜进行铺设的工具,实用性不强。因此需要设计一种大体积混凝土整平养护机解决上述问题。

实用新型内容

本实用新型的目的在于针对现有技术中存在的技术问题,提供一种大体积混凝土整平养护机,具体技术方案如下。

本实用新型提供一种大体积混凝土整平养护机,包括养护机机身和养护机工作头,所述养护机机身和所述养护机工作头之间通过伸缩臂连接。所述养护机工作头包括膜箱,所述膜箱的上端设置伸缩杆,所述伸缩杆与所述伸缩臂连接,所述伸缩杆上端外侧设置激光接收器。所述膜箱的下方设置压实辊,所述压实辊包括六边形压实辊本体,所述压实辊本体内部设置振动棒,所述振动棒与所述六边形压实辊本体之间设有转轴结构。所述压实辊后端通过连接杆连接整平辊,所述整平辊与所述伸缩杆连接。所述压实辊前、后两侧均设置整平板,远离所述养护机机身一侧的整平板上设有固定板,所述固定板上设有圆形辊。

本实用新型的进一步改进在于:所述压实辊本体的纵截面呈六边形结构,设置成六边形结构便于对混凝土进行初步的压实和振捣工作。

本实用新型的进一步改进在于:所述伸缩杆的纵截面呈 H 形结构。

本实用新型的进一步改进在于:所述整平辊的纵截面呈圆形结构,设置成圆形结构可以提高整平效率。

本实用新型的进一步改进在于:所述伸缩杆的中央位置设置横杆结构,所述横杆结构与所述伸缩臂连接。

本实用新型的进一步改进在于:所述整平板的下方设有挡料布,设置所述挡料布能够防止施工过程中物料向外飞溅,从而保护平整后的地面。

本实用新型的进一步改进在于:远离所述养护机机身一侧的所述整平板上的固定板与所述整平板垂直设置。

本实用新型的进一步改进在于:所述膜箱的出膜口形状为三角形,将所述出膜口设置为三角形是为了在膜传输的过程中不至于将膜变皱。

本实用新型的有益效果是:本实用新型可以保证在混凝土地面平整施工的过程中,不会因大块的混凝土带起而造成地面坑洼的情况出现,能够起到初步对混凝土地面进行平整的作用,使得经过处理后的地面能够更加平整,且不容易使所述圆形整平辊带走大块的混凝土;本实用新型在混凝土初整的时候所用的是混凝土整平板,整平效果较好;在混凝土振捣时,辊内部设置的振动棒开始运作,将混凝土初步压实和振捣,将大体积的混凝土压碎,从而进一步提高所述圆形整平辊的整平效率;所述六边形压实辊内部的振动棒可以长时间进行工作,振动效果和效率相较于振动块更好;在所述圆形整平辊后又设置了所述整平板,整平板再次进行整平,整平效果较好;在整平养护机的机头部位放有膜箱,用于养护膜的放置,而且膜箱下面设有专门将养护膜进行铺设的工具,实用性较强。

附图说明

图 1.14 为激光整平养护机整体结构示意图。

图 1.15 为六边形压实辊和圆形整平辊结构示意图。

图 1.16 为激光养护机工作头结构示意图。

图 1.17 为激光养护机工作头的剖面图。

附图说明：1—六边形压实辊；2—整平板；3—圆形整平辊；4—固定板；5—圆形辊；6—膜箱；7—伸缩杆；8—激光接收器；9—伸缩臂；10—激光整平养护机机身；11—养护机工作头；12—六边形压实辊本体；13—振动棒；14—转轴结构；15—连接杆；16—出膜口。

具体实施方式

为了使本技术领域的人员更好地理解本实用新型方案，下面将结合本实用新型实施例中的附图，对本实用新型实施例中的技术方案进行清楚、完整的描述。

本实施例提供一种大体积混凝土整平养护机，包括激光整平养护机机身 10，所述激光整平养护机机身 10 通过伸缩臂 9 与养护机工作头 11 连接，所述养护机工作头 11 包括膜箱 6，所述膜箱 6 的上端设置伸缩杆 7，所述伸缩杆 7 的纵截面呈 H 形结构，所述伸缩杆 7 上端的中央位置与所述伸缩臂 9 连接，所述伸缩杆 7 上端外侧设置激光接收器 8。所述膜箱 6 的下方设置六边形压实辊 1，所述六边形压实辊 1 包括六边形压实辊本体 12，所述六边形压实辊本体 12 的内部设置振动棒 13，所述振动棒 13 与所述六边形压实辊本体 12 之间设置转轴结构 14。所述转轴结构 14 的转动带动所述六边形压实辊 1 转动，在所述六边形压实辊 1 转动的同时，辊内部的振动棒 13 开始运作，将混凝土初步压实和振捣，将大体积的混凝土压碎，从而进一步提高所述圆形整平辊 3 的整平效率。所述六边形压实辊 1 内部的振动棒 13 可以长时间进行工作。

所述六边形压实辊 1 后端通过连接杆 15 连接圆形整平辊 3，所述圆形整平辊 3 与所述伸缩杆 7 连接。设置所述圆形整平辊 3 的目的是将混凝土进行二次振捣和抹平，工作时所述圆形整平辊 3 可以通过所述伸缩杆 7 进行高度调节。所述六边形压实辊 1 前、后两侧均设置整平板 2，在工作时可以将堆积的混凝土进行推平、散开，进行混凝土的初步抹平。远离所述养护机机身 10 一侧的所述整平板 2 上垂直设置固定板 4，所述固定板 4 上设有圆形辊 5，在所述圆形辊 5 后方设有所述整平板 2，可以在所述圆形辊 5 整平的基础上再次进行抹平，为铺膜做好铺垫。

所述整平板 2 的下方设有挡料布，能够防止施工过程中物料向外飞溅，从而保护平整后的地面。所述膜箱 6 的出膜口 16 形状为三角形，将所述出膜口 16 设置为三角形是为了在膜传输的过程中不至于将膜变皱。在所述养护机工作头 11 上设置所述膜箱 6，工作时将养护膜放在所述膜箱里，通过所述出膜口就可以将养护膜顺畅地传输下去。

工作原理如下。

在整平养护机工作前，工人需要对混凝土铺设的厚度进行控制和进行标高设定。标高设定好后，所述激光接收器 8 自动地对所述伸缩杆 7 的高度进行调节。在整平前将准备好的养护膜提前放在所述膜箱内。

整平时，所述整平板 2 将堆积的混凝土进行推平、散开，进行初步的整平工作。所述整平板 2 的下方放置挡料布，可以起到防止混凝土四处溅落和避免损伤已整平好的混凝土的作用。

混凝土经过所述整平板 2 初步整平后，经过所述六边形压实辊 1 和所述圆形整平辊 3 压实、整平和振捣后通过所述整平板 2 进行整平，这时所述膜箱里的养护膜通过出膜口在所述圆形整平辊 5 的压实下将内部的空气压出。

所述养护机工作头 11 可以通过所述伸缩臂 9 进行前、后长度调节,可以更有效地对大体积混凝土进行整平和养护。

以上仅为本实用新型的较佳实施例,但并不限制本实用新型的专利范围,尽管参照前述实施例对本实用新型进行了详细说明,但对于本领域的技术人员而言,依然可以对前述各具体实施方式所记载的技术方案进行修改,或者对其中部分技术特征进行等效替换。凡是利用本实用新型说明书及附图内容所作的等效结构直接或间接运用在其他相关的技术领域,均在本实用新型专利保护范围之内。

说明书附图

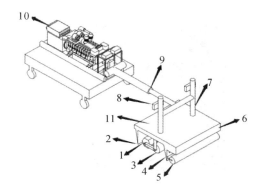

图 1.14 激光整平养护机整体结构示意图

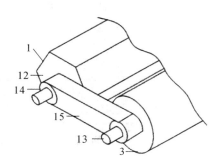

图 1.15 六边形压实辊和圆形整平辊结构示意图

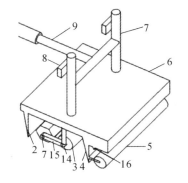

图 1.16 激光养护机工作头结构示意图

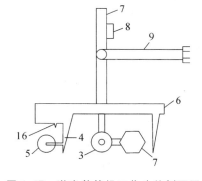

图 1.17 激光养护机工作头的剖面图

为了便于准确、清楚地表达该专利的构造、组成及功能作用,建立了该专利的 3D 模型图、实物图,具体如图 1.18~图 1.22 所示。

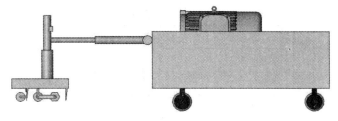

图 1.18 3D 模型侧面图

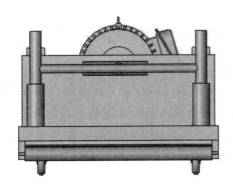 

图 1.19　3D 模型正面图　　　　　图 1.20　3D 模型俯视图

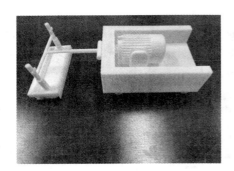 

图 1.21　实物图（1）　　　　　　图 1.22　实物图（2）

针对以上专利，请各小组在对专利分析的基础上，运用组合法对专利进行改进创新，得出有意义的创新成果。

学习目标

（1）明确组合法的概念和原理。
（2）明确组合法的类型和各类型组合法的基本含义。
（3）掌握各类型组合法的实施步骤。
（4）会运用特定的组合法开展创新活动。
（5）能运用组合法创新性地解决实际问题。

任务分组

任务分组表如表 1.11 所示。

表 1.11　任务分组表

班级		组号		指导老师		备注
组长		分工职责				
组员 1		分工职责				
组员 2		分工职责				
组员 3		分工职责				

续表

班级		组号		指导老师		备注	
组员 4		分工职责					
组员 5		分工职责					
…		分工职责					

相关知识点

一、组合法的基本概念及原理

1. 什么是组合法

创新并非全是创造新的东西，它可能是旧东西的创新组合。爱因斯坦说过："组合作用似乎是创造性思维的本质特征。"肖克莱说过："所谓创造就是把以前独立的发明组合起来，组合是客观世界中十分普遍的现象。"组合法是一种以综合分析为基础，并按照一定的原理或规则对现有的事物或系统进行有效综合，从而获得新事物、新系统的创新方法。组合创新法具有以下特点。

（1）将多个特征组合在一起。

（2）组合在一起的特征相互支持、相互补充。

（3）组合后要产生新方法或达到新效果。

（4）利用现成的技术成果，不需要建立高深的理论基础和开发专门的高级技术。

2. 组合法的原理

组合法是指利用创新思维将已知的若干事物合并成一个新的事物，使其在性能和服务功能等方面发生变化，以产生出新的价值。以产品创新为例，可根据市场需求分析、比较，得到有创新性的新技术产物。组合法的核心是将整个创造系统内部的要素分解、重组，再与创造系统之间的要素组合，从而产生新的功能和最优的结果的方法。组合法可以将多个特征组合在一起，或组合后产生新方法或达到新效果，以此寻找解决问题的途径。

组合法的原理本质上是系统的原理，具体表现在以下三个方面。

第一，从系统的思想来看，组合法就是把两个或多个系统按照一定的原则进行组合，生成新系统的过程，在统一的整体目标下，其中各个组成元素能够协调、有机地进行组合，并且在某些方面相互作用。

第二，产生的新系统具有新的特征或效果，系统的功能总和必须大于系统内各组成元素的单独功能之和。

第三，系统具有不同的属性或状态，这就要求在运用组合法进行创造活动时，创造者需要从各个不同的方面或角度进行系统分析和评价。

二、怎样运用组合法

1. 组合法的主要类型

（1）重组组合法。

重组组合法是指有目的地改变事物内部结构要素的组合方式，从事物的不同层次上分解原来的组合，再以新的方式进行重新组合，促使事物的性能发生变化的方法。重组可以更有效地挖掘和发挥现有技术的潜力,相应的例子有田忌赛马、企业资产重组等。

（2）异类组合法。

两种或两种以上不同领域的技术思想或不同功能的物质产品的组合,都属异类组合。在异类组合中,不同种类的事物之间一般没有明显的主、次之分,各自发挥自身的构造、成分、功能等方面的优势,参与组合的对象从功能、原理、结构、意义等任一方面或多方面互相渗透、连接、嵌套,从而使组合后的整体发生变化。异类组合绝不是事物的简单叠加,而是围绕一个中心相互取长补短,创造出新事物,相应的例子有艺术苹果等。

（3）同物自组法。

同物自组法就是将若干相同的事物进行组合,以图创新的一种创新技法。例如,在两支钢笔的笔杆上分别雕龙刻凤后一起装入一精制考究的笔盒里,称为"情侣笔",作为馈赠新婚朋友的好礼物;把三支风格相同、颜色不同的牙刷包装在一起销售,称为"全家乐"牙刷。同物自组法的创造目的是在保持事物原有功能和原有意义的前提下,通过数量的增加来弥补不足或产生新的意义和新的需求,从而产生新的价值。

（4）形态分析法。

形态分析法是美籍瑞士科学家兹威基1942年提出的。它以系统分析和综合为基础,用集合理论对研究对象相关形态要素进行分解、排列和重新组合,得出所有可能的总体方案,最后通过评价进行选择。

形态分析法是对研究目标进行要素分解和形态组合的过程。要素和形态是形态分析中的两个基本概念。所谓要素是指构成事物各种功能的特性因子。相应地,实现各功能的技术手段称为形态。

形态分析法有五个步骤。

① 选择和确定创造对象。

形态分析法适用的对象十分广泛,可以是有形的机器设备或其内部的工作系统、部件,甚至剧本、乐曲等。

② 要素分析。

这一步需要确定创造对象的主要组成部分,即组成要素,也就是独立变量。它的变化会直接影响对象的变化。组成要素要尽可能全面,关键因素不应被遗漏;组成要素在功能上或逻辑上应相互独立,即仅仅改变其中某一要素时,仍会产生一个具有可行性的独立方案;组成要素数量不宜太多,也不宜太少,一般3～7个为宜。

③ 形态分析。

形态分析即列出每一要素所包括的所有可能的形态(方法、技术手段或工具)。这需要分析者认真、仔细、具有丰富的行业经验以及较强的发散思维能力,要尽可能列出每一要素在自然界或各行业中所具有的形态,列出的形态越多、范围越广越好。

④ 要素形态组合。

按照创造对象的总体功能要求,对各要素的各种组成形态进行排列、组合,获得所有可能的方案。组合数目等于要素的形态数的乘积。

⑤ 评价筛选方案。

对照产生的方案,制定评价标准,通过分析、比较,选出少数较好的设想,然后把方案进一步具体化,选出最优方案。

2.组合法实施步骤

（1）确定研究对象。

确定研究的主体，进行相关材料资料的收集。

（2）确定小组成员。

确定小组组长及组员，一般为4～6人。

（3）明确使用的组合法类型。

因组合法类型较多，全部实施耗费时间较长，我们以形态分析法为例。

（4）主体分析。

小组先进行要素分析。这是应用形态分析的首要环节，是确保获取创造性设想的基础。分析时，要使确定的要素满足三个基本要求：一是各个要素在逻辑上彼此独立；二是在本质上是重要的；三是在数量上是全面的。

小组再进行形态分析。按照创造对象要求要素的功能属性，列出要素可能的全部形态（实现功能的技术手段）。

（5）进行组合创新。

小组按形态学矩阵进行方案组合。

（6）得出创新成果。

小组使用新颖性、先进性和实用性三条标准进行初评，再用技术经济指标进行综合评价，得出创新成果。

实训准备

（1）阅读给出的学习情境，提前收集组合法的相关资料。

（2）分析学习情境中给出专利的结构组成、创新点，以及可能运用的创新方法和思想。

（3）熟悉组合法的基本概念、原理和种类。

（4）熟悉组合法实施的步骤。

（5）准备好实训所需要的纸张、签字笔、笔记本电脑等材料和设备。

实训实施

（1）确定分组，明确组长及组员名单。

（2）确定各组采用组合法的类型。

（3）明确组员的分工职责。

（4）针对学习情境开展组合法创新活动。

（5）对创新成果进行梳理并筛选。

（6）各组展示并汇报最终的创新成果。

考核与评价

1.小组自评

小组自评表如表1.12所示。

表 1.12　小组自评表

班级：	姓名：	学号：	组别：
子模块 3	组合法(一种大体积混凝土整平养护机)		
评价项目	评价标准	分值	得分
组合法的概念	能明确组合法的概念	10	
组合法的原理	能明确组合法的原理	10	
重组组合法/异类组合法/同物自组法/形态分析法的基本含义	能正确理解重组组合法/异类组合法/同物自组法/形态分析法的基本含义	10	
重组组合法/异类组合法/同物自组法/形态分析法的运用	能正确且熟练地运用重组组合法/异类组合法/同物自组法/形态分析法开展针对学习情境的创新活动	10	
创新成果筛选	能高效筛选出组合法获得的最优创新成果	10	
创新成果展示	能运用多种方式恰当、合理、准确、全面地表述出创新成果	10	
实训态度	能做到无故不缺勤、不迟到、不早退，态度端正	10	
实训质量	能按照计划高质量完成实训	10	
团队协作能力	能与团队成员合作交流、协作开展实训	10	
创新意识和能力	能提出不同一般的创新观点或者方法	10	
合计		100	

2.小组互评

小组互评表如表 1.13 所示。

表 1.13　小组互评表

子模块 3		组合法(一种大体积混凝土整平养护机)									评价组别						
评价项目	分值	评价等级									1	2	3	4	5	6	7
组织合理	10	优	9	良	8	中	7	及格	6	不及格	5						
团队协作	15	优	12	良	10	中	8	及格	6	不及格	5						
实训效率	15	优	12	良	10	中	8	及格	6	不及格	5						
实训质量	15	优	12	良	10	中	8	及格	6	不及格	5						
实训规范	15	优	12	良	10	中	8	及格	6	不及格	5						
成果展示	15	优	12	良	10	中	8	及格	6	不及格	5						
创新程度	15	优	12	良	10	中	8	及格	6	不及格	5						
合计	100																

3.教师评价

教师评价表如表 1.14 所示。

表 1.14　教师评价表

子模块 3		组合法(一种大体积混凝土整平养护机)									评价组别						
评价项目	分值	评价等级									1	2	3	4	5	6	7
组织合理	10	优	9	良	8	中	7	及格	6	不及格	5						
团队协作	15	优	12	良	10	中	8	及格	6	不及格	5						
实训效率	15	优	12	良	10	中	8	及格	6	不及格	5						
实训质量	15	优	12	良	10	中	8	及格	6	不及格	5						
实训规范	15	优	12	良	10	中	8	及格	6	不及格	5						
成果展示	15	优	12	良	10	中	8	及格	6	不及格	5						
创新程度	15	优	12	良	10	中	8	及格	6	不及格	5						
合计	100																

4.综合评价

综合评价表如表 1.15 所示。

表 1.15　综合评价表

班级：	姓名：	学号：	组别：
小组自评(15%)	小组互评(25%)	教师评价(60%)	综合评价

思政元素

(1)团队合作精神,奉献和互帮互助精神。

(2)终身学习的习惯。

(3)团队沟通、组织协作的能力。

(4)理论联系实际的能力,正确的世界观、人生观和价值观。

(5)专业水准,职业精神。

教师总结

教师结合课程思政元素对各小组的实训实施过程、汇报过程及创新成果等进行分析、总结和点评,将组合法的相关知识点和内容进行讲解、梳理、强化和总结。

拓展练习

一种叠合板起吊加固装置

摘要

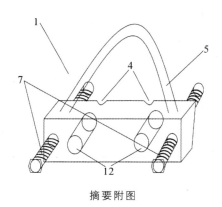

摘要附图

本实用新型提供一种叠合板起吊加固装置,包括加固装置,所述加固装置包括梯形结构的长螺栓构件块、短螺栓构件块、两个螺孔构件块,长螺栓构件块、短螺栓构件块、螺孔构件块上都设有连接组件进行连接,长螺栓构件块、短螺栓构件块、螺孔构件块梯形表面都设有两个用于卡扣钢筋的卡扣凹槽,长螺栓构件块和短螺栓构件块上都设有弯曲钢筋,加固装置侧边安装可拆卸垫块。通过设置长螺栓构件块、短螺栓构件块、螺孔构件块,表面设置的卡扣凹槽对钢筋进行夹持,再通过连接组件进行连接固定,上侧的弯曲钢筋进行吊起,使受力更加均匀,并且加固装置侧边设置垫块,使垫块对受力点进行支撑,提高支撑的稳定性。

权利要求书

（1）一种叠合板起吊加固装置,包括加固装置13,其特征在于:所述加固装置13包括梯形结构的长螺栓构件块1、短螺栓构件块2、两个螺孔构件块3,长螺栓构件块1、短螺栓构件块2、螺孔构件块3上都设有连接组件进行连接,长螺栓构件块1、短螺栓构件块2、螺孔构件块3梯形表面都设有两个用于卡扣钢筋的卡扣凹槽4,长螺栓构件块1和短螺栓构件块2上都设有弯曲钢筋5,加固装置13侧边安装可拆卸垫块6。

（2）如权利要求（1）所述的一种叠合板起吊加固装置,其特征在于:所述长螺栓构件块1的连接组件包括长螺栓7,短螺栓构件块2的连接组件包括短螺栓8,螺孔构件块3的连接组件包括螺孔9;长螺栓构件块1、短螺栓构件块2与螺孔构件块3之间分别通过长螺栓7、短螺栓8与螺孔9进行连接。

（3）如权利要求（2）所述的一种叠合板起吊加固装置,其特征在于:所述长螺栓7的长度比短螺栓8的长度长三分之一;长螺栓7能够贯穿第一个螺孔构件块3的螺孔9并连接至第二个螺孔构件块3的螺孔9内长度的二分之一处,短螺栓8连接至第二个螺孔构件块3的螺孔9内长度的二分之一处。

（4）如权利要求（1）所述的一种叠合板起吊加固装置,其特征在于:所述长螺栓构件块1和短螺栓构件块2的梯形表面的倾斜角度与桁架钢筋中弯曲的腹杆钢筋外侧面的倾斜角度一致;所述螺孔构件块3的梯形表面的倾斜角度与桁架钢筋中弯曲的腹杆钢筋内侧面的倾斜角度一致。

（5）如权利要求（1）所述的一种叠合板起吊加固装置，其特征在于：所述卡扣凹槽4深度为桁架钢筋中弯曲的腹杆钢筋的一半，倾斜角度和凹槽宽度与桁架钢筋中弯曲的腹杆钢筋一致。

（6）如权利要求（1）所述的一种叠合板起吊加固装置，其特征在于：长螺栓构件块1和短螺栓构件块2上的弯曲钢筋5都倾斜设置，两个弯曲钢筋5倾斜角度相同。

（7）如权利要求（1）所述的一种叠合板起吊加固装置，其特征在于：所述垫块6为长方体，垫块6一侧设有连接柱10和螺栓凹槽11，长螺栓构件块1和短螺栓构件块2上设有连接槽12，通过连接柱10与连接槽12对接，螺栓凹槽11与长螺栓7、短螺栓8中的一个对接，从而使垫块6安装在加固装置13上。

说明书：一种叠合板起吊加固装置

技术领域

本实用新型涉及叠合板制造技术领域，尤其涉及一种叠合板起吊加固装置。

技术背景

目前我国建筑业普遍采用的现场浇（砌）筑方式污染大、资源浪费严重，为了响应国家可持续发展战略，建筑行业逐渐向装配式建筑发展。随着装配式建筑的不断发展，装配式建筑构件在建筑施工中的应用逐渐增多，其中叠合板为装配式建筑的主要构件之一。

目前，叠合板的开裂问题一直是困扰工程界的一个难题，其中很大比例的叠合板开裂是因为工人在起吊过程中对起吊点把握不准，操作不规范，堆放及转运过程中随意放置垫木等；同时叠合板在起吊、堆放及转运过程中，管理人员难以做到全过程监督，无人监督的情况下工人的规范意识淡薄会加剧作业过程的不规范行为。叠合板的开裂会增加施工风险，并且修补裂缝或更换叠合板浪费资源、增加成本。

专利号CN216476411U公开了一种叠合板起吊加固系统，通过在桁架筋两端安装起吊筋，通过起吊筋上的起吊点和桁架筋上的起吊点进行起吊，从而使叠合板平稳起吊。

但是通过起吊筋安装桁架筋，起吊筋上缺少定位机构，不易确定起吊点，起吊点容易产生偏差，从而对起吊造成影响，使叠合板起吊受力不均匀，进而造成叠合板破损；并且在堆放时不易确定支撑受力点，从而影响叠合板堆放时的稳定性。

实用新型内容

本实用新型的目的是提供一种叠合板起吊加固装置，设置长螺栓构件块、短螺栓构件块、螺孔构件块，通过表面设置的卡扣凹槽对钢筋进行夹持，再通过连接组件进行连接固定，通过上侧的弯曲钢筋进行起吊，从而使受力更加均匀，并且加固装置侧边设置垫块，使垫块对受力点进行支撑，从而提高支撑的稳定性，减少开裂的产生，解决了受力点不易定位的问题。

本实用新型提供一种叠合板起吊加固装置，包括加固装置和垫块，加固装置包括长螺栓构件块、短螺栓构件块、两个螺孔构件块；长螺栓构件块、短螺栓构件块、螺孔构件块上都设有连接组件，通过连接组件进行连接；长螺栓构件块、短螺栓构件块、螺孔构件块梯形表面都设有两个用于卡扣钢筋的卡扣凹槽，卡扣凹槽为半圆柱形；长螺栓构件块和短螺栓构件块上都设有弯曲钢筋,加固装置侧边安装可拆卸垫块。

进一步改进在于:所述长螺栓构件块的连接组件包括长螺栓,短螺栓构件块的连接组件包括短螺栓,螺孔构件块的连接组件包括螺孔;长螺栓构件块、短螺栓构件块与螺孔构件块之间分别通过长螺栓、短螺栓、螺孔进行连接;长螺栓和短螺栓端头都为六角形头。

进一步改进在于:所述长螺栓的长度比短螺栓的长度长三分之一;长螺栓能够贯穿第一个螺孔构件块的螺孔并连接至第二个螺孔构件块螺孔内长度的二分之一处,短螺栓连接至第二个螺孔构件块螺孔内长度的二分之一处。

进一步改进在于:所述长螺栓构件块和短螺栓构件块的梯形表面的倾斜角度与桁架钢筋中弯曲的腹杆钢筋外侧面的倾斜角度一致;所述螺孔构件块的梯形表面的倾斜角度与桁架钢筋中弯曲的腹杆钢筋内侧面的倾斜角度一致。

进一步改进在于:卡扣凹槽深度为桁架钢筋中弯曲的腹杆钢筋的一半,倾斜角度和凹槽宽度与桁架钢筋中弯曲的腹杆钢筋一致。

进一步改进在于:长螺栓构件块和短螺栓构件块上的弯曲钢筋都倾斜设置,两个弯曲钢筋倾斜角度相同。

进一步改进在于:加固装置上安装可拆卸垫块。

进一步改进在于:所述垫块为长方体,垫块一侧设有连接柱和螺栓凹槽,连接柱为圆柱形,螺栓凹槽为六角形;长螺栓构件块和短螺栓构件块上设有连接槽,连接槽为圆柱形;通过连接柱与连接槽对接,螺栓凹槽与长螺栓、短螺栓中的一个对接,从而使垫块安装在加固装置上。

本实用新型的有益效果如下。

(1)本实用新型设置三个构件块,构件块表面对应腹杆钢筋设置卡扣凹槽,通过卡扣凹槽与腹杆钢筋卡扣连接,通过长螺栓和短螺栓对构件块之间进行锁定,从而使构件块固定安装在叠合板上,便于后续叠合板的稳定吊装;现有的吊装加固机构通过起吊筋安装在桁架钢筋上,不能快速、有效地进行受力点定位,并且在起吊过程中容易晃动,影响起吊的稳定性;本实用新型设置构件块,通过构件块表面的卡扣凹槽对腹杆钢筋进行夹持,再通过螺栓进行锁定,使加固装置稳定安装在桁架钢筋上,减少后续起吊过程中的晃动,大大提高了起吊过程中的稳定性,有效解决了工人在起吊叠合板时因操作不规范而导致叠合板开裂的问题。

(2)本实用新型在加固装置侧边安装垫块,通过安装连接,有效地解决了垫块随意放置的问题,根据受力点安装以对叠合板进行支撑,使叠合板放置的支撑受力更加均匀,减少了开裂变形;加固装置通过连接杆与连接槽连接,螺栓和螺栓凹槽连接,提高了连接的稳定性,从而使叠合板放置稳定;并且采用可拆卸连接,根据使用需求进行安装和拆卸,可以重复使用,大大提高了使用的便利性。

附图说明

图1.23是本实用新型的截面结构示意图。

图1.24是本实用新型的俯视结构示意图。

图1.25是长螺栓构件块结构示意图。

图1.26是短螺栓构件块结构示意图。

图1.27是螺孔构件块结构示意图。

图 1.28 是垫块结构示意图。

其中：1—长螺栓构件块；2—短螺栓构件块；3—螺孔构件块；4—卡扣凹槽；5—弯曲钢筋；6—垫块；7—长螺栓；8—短螺栓；9—螺孔；10—连接柱；11—螺栓凹槽；12—连接槽；13—加固装置。

具体实施方式

为了加深对本实用新型的理解，下面将结合实施例对本实用新型作进一步详述，该实施例仅用于解释本实用新型，并不构成对本实用新型保护范围的限定。

如图 1.23～图 1.28 所示，本实施例提供一种叠合板起吊加固装置，包括加固装置 13，加固装置 13 包括长螺栓构件块 1、短螺栓构件块 2、两个螺孔构件块 3，长螺栓构件块 1、短螺栓构件块 2、螺孔构件块 3 上都设有连接组件进行连接，长螺栓构件块 1 的连接组件包括长螺栓 7，短螺栓构件块 2 的连接组件包括短螺栓 8，螺孔构件块 3 的连接组件包括螺孔 9；长螺栓构件块 1、短螺栓构件块 2 与螺孔构件块 3 之间分别通过长螺栓 7、短螺栓 8 与螺孔 9 进行连接。长螺栓 7 的长度比短螺栓 8 的长度长三分之一；长螺栓 7 能够贯穿第一个螺孔构件块 3 的螺孔 9 并连接至第二个螺孔构件块 3 的螺孔 9 内长度的二分之一处，短螺栓 8 连接至第二个螺孔构件块 3 的螺孔 9 内长度的二分之一处。两个螺孔构件块 3 贴合放置在一起，长螺栓构件块 1 安装在螺孔构件块 3 的一侧，长螺栓 7 穿过一个螺孔构件块 3 的螺孔并连接至另一个螺孔构件块 3 的螺孔内，短螺栓构件块 2 安装在螺孔构件块 3 的另一侧，短螺栓 8 连接在另一个螺孔构件块 3 的螺孔 9 内，连接至螺孔 9 内长螺栓 7 连接剩余的位置处。

长螺栓构件块 1、短螺栓构件块 2、螺孔构件块 3 都为梯形结构，长螺栓构件块 1 和短螺栓构件块 2 的梯形表面的倾斜角度与桁架钢筋中弯曲的腹杆钢筋外侧面的倾斜角度一致；螺孔构件块 3 的梯形表面的倾斜角度与桁架钢筋中弯曲的腹杆钢筋内侧面的倾斜角度一致。长螺栓构件块 1、短螺栓构件块 2、螺孔构件块 3 梯形表面都设有两个用于卡扣钢筋的卡扣凹槽 4，卡扣凹槽 4 深度为桁架钢筋中弯曲的腹杆钢筋的一半，倾斜角度和凹槽宽度与桁架钢筋中弯曲的腹杆钢筋一致。在长螺栓构件块 1、短螺栓构件块 2、螺孔构件块 3 连接时，通过卡扣凹槽 4 将桁架钢筋中弯曲的腹杆钢筋卡住固定，从而使加固装置 13 稳定安装在叠合板上，便于后续稳定地起吊。

长螺栓构件块 1 和短螺栓构件块 2 上都设有弯曲钢筋 5，长螺栓构件块 1 和短螺栓构件块 2 上的弯曲钢筋 5 都倾斜设置，两个弯曲钢筋 5 倾斜角度相同。在长螺栓构件块 1、短螺栓构件块 2、螺孔构件块 3 连接完成后，两个弯曲钢筋 5 合拢在一起，通过弯曲钢筋 5 进行起吊，便于后续起吊。

加固装置 13 侧边安装可拆卸垫块 6，通过垫块 6 对叠合板的堆放进行支撑；垫块 6 为长方体，垫块 6 一侧设有连接柱 10 和螺栓凹槽 11，长螺栓构件块 1 和短螺栓构件块 2 上设有连接槽 12。垫块根据使用需求选择安装在长螺栓构件块 1 侧边或短螺栓构件块 2 侧边；通过连接柱 10 与长螺栓构件块 1 上的连接槽 12 对接，螺栓凹槽 11 与长螺栓 7 端部进行对接，从而连接在长螺栓构件块 1 侧边；或者通过连接柱 10 与短螺栓构件块 2 上的连接槽 12 对接，螺栓凹槽 11 与短螺栓 8 端部进行对接，从而连接在短螺栓构件块 2 的侧边。

在实际使用时，先确定好加固装置 13 的安装位置；然后将长螺栓构件块 1 的两个卡扣凹槽 4 扣在叠合板中弯曲腹杆钢筋的纵向外侧上弯部分，并通过钢筋支撑住长螺孔构件块，再将一个螺孔构件块 3 的两个卡扣凹槽 4 扣在叠合板中弯曲腹杆钢筋的纵向内侧上弯部分，转动长螺栓构件块 1 上的长螺栓 7，使其与螺孔构件块 3 上的螺孔 9 相连；再将另一个螺孔构件块 3 的两个卡扣凹槽 4 扣在叠合板中另一根弯曲腹杆钢筋的纵向内侧上弯部分，再次转动长螺栓构件块 1 上的长螺栓 7，使其贯穿第一个螺孔构件块 3 的螺孔 9 并连接到第二个螺孔构件块 3 的螺孔 9 内；再将短螺栓构件块 2 的两个卡扣凹槽 4 扣在叠合板中弯曲腹杆钢筋的纵向外侧上弯部分，转动短螺栓构件块 2 上的短螺栓 8，使其与第二个螺孔构件块 3 上的螺孔 9 相连，从而完成加固装置 13 的安装；在起吊时，只需将吊钩钩在加固装置 13 的弯曲钢筋 5 上即可。在需要垫块 6 支撑叠合板时，将垫块 6 通过其连接柱 10 和螺栓凹槽 11 与加固装置 13 中长螺栓构件块 1 的连接槽 12 和长螺栓 7 的端头连接，即可完成垫块 6 与加固装置 13 的连接。

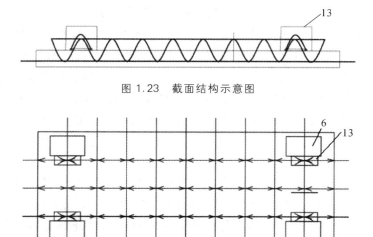

图 1.23　截面结构示意图

图 1.24　俯视结构示意图

说明书附图

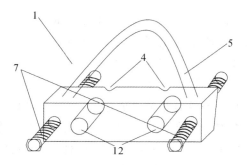

图 1.25　长螺栓构件块结构示意图

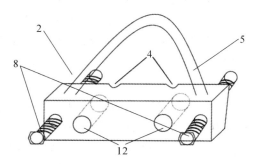

图 1.26　短螺栓构件块结构示意图

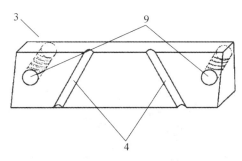 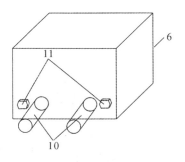

图 1.27　螺孔构件块结构示意图　　　　图 1.28　垫块结构示意图

为了更加准确、清楚地表达该专利的构造、组成及功能作用，建立了该专利的 3D 模型图，具体如图 1.29～图 1.33 所示。

图 1.29　长螺栓构件块 3D 图　　　　图 1.30　短螺栓构件块 3D 图

图 1.31　螺孔构件块 3D 图

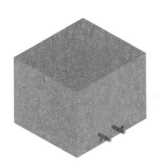 

图 1.32　垫块 3D 图　　　　图 1.33　3D 图加固装置完整连接图

针对以上专利，请小组选用特定组合法，对专利进行创新改进，得出有意义的创新成果。

子模块 4 移植法

创新故事

缝纫机机针动作的启示

19 世纪末,人们对电影机的研究虽已取得很大进展,但仍有一个关键性问题未能解决,即如何使影片以每秒 24 幅的速度做动、停、动间歇运动。许多研究者对这个复杂的问题均束手无策。法国科学家卢米埃尔兄弟在看到缝纫机的机针插入布料中时布料不动,当针向上提起时布料向前挪动一下,然后又是停、动、停……他们把这种原理移植到电影机中,很快便解决了上述难题。

通过普通缝纫机动作的启示解决了电影机放映中的大难题,充分体现了移植法中移植原理的运用和成果。

学习情境

一种降尘降噪围挡

摘要

本实用新型公开了一种降尘降噪围挡,其技术方案要点是:包括围挡框架,所述围挡框架的外侧壁固定连接支架,所述围挡框架的内部设置若干个阻燃复合纤维吸声板,所述阻燃复合纤维吸声板的左、右两侧分别设有固定孔,通过降尘组件可以有效保证施工工地中的灰尘不会越过围挡框架,极大地减少施工场地的灰尘外泄,通过多孔吸声板与薄膜共振吸声板对施工工地的噪声进行吸

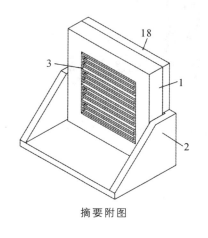

摘要附图

收,减少施工工地嘈杂的噪声,改善附近居民的居住环境,通过主动齿轮旋转轴的一端顺时针与逆时针反复交替旋转,可以带动从动齿轮进行顺时针与逆时针反复交替旋转,从而使若干个阻燃复合纤维吸声板可以进行摆动。

权利要求书

(1) 一种降尘降噪围挡,其特征在于:围挡框架1的外侧壁固定连接支架2,所述围挡框架1的内部设置降尘组件和降噪组件,所述降尘组件设置在所述围挡框架1的内部,用于降低灰尘,所述降噪组件设置在所述围挡框架1的内部,用于吸收施工噪声。

(2) 根据权利要求(1)所述的一种降尘降噪围挡,其特征在于:所述降尘组件包括两个吸尘口5,两个所述吸尘口5均设在所述阻燃复合纤维吸声板3的一侧,所述固定孔4的内部固定套设旋转管6,所述围挡框架1的内壁左、右两侧分别设有稳定孔11,所述稳定孔11与所述固定孔4的位置相对应,所述旋转管6的一端穿过所述稳定孔11延伸至所述围挡框架1的内部,所述围挡框架1的内部设置两个吸尘管道7,所述吸尘管道7的外壁面设有连通孔8,所述连通孔8的内部固定套设连通管9,所述连通管9的一端与所述旋转管6的内部活动套设,所述阻燃复合纤维吸声板3与所述旋转管6、所述连通管9和连通孔8连通,两个所述吸尘管道7之间设置吸尘器本体10,所述吸尘管道7与所述吸尘器本体10的吸风口固定套设。

(3) 根据权利要求(1)所述的一种降尘降噪围挡,其特征在于:所述降噪组件包括阻燃复合纤维吸声板3,所述阻燃复合纤维吸声板3固定连接在所述围挡框架1的内部;多孔吸声板12固定连接在所述围挡框架1的内部,所述多孔吸声板12的一侧四个拐角位置分别固定连接橡胶块20,所述围挡框架1的内部固定连接薄膜共振吸声板13,所述薄膜共振吸声板13靠近所述多孔吸声板12的一侧与所述橡胶块20连接。

(4) 根据权利要求(1)所述的一种降尘降噪围挡,其特征在于:所述围挡框架1的内部底面固定连接两个驱动电机14,所述驱动电机14旋转轴的一端固定连接主动齿轮15,所述旋转管6的外圆壁面固定套设从动齿轮16,所述围挡框架1的内部设置两个链条本体17,所述主动齿轮15与所述从动齿轮16均与所述链条本体17相啮合。

(5) 根据权利要求(1)所述的一种降尘降噪围挡,其特征在于:所述围挡框架1的一侧固定安装太阳能板本体18,所述太阳能板本体18的底面与所述支架2的顶面连接,所述围挡框架1的内部上方固定安装蓄电池19,所述蓄电池19与所述太阳能板本体18电性连接,所述蓄电池19与所述吸尘器本体10和所述驱动电机14电性连接。

(6) 根据权利要求(3)所述的一种降尘降噪围挡,其特征在于:所述多孔吸声板12为铝制穿孔薄板,所述薄膜共振吸声板13由软质薄膜材料制造,所述多孔吸声板12与所述薄膜共振吸声板13之间预留空腔,所述阻燃复合纤维吸声板3由阻燃材料和吸声纤维复合而成。

说明书:一种降尘降噪围挡

技术领域

本实用新型涉及围挡技术领域,具体涉及一种降尘降噪围挡。

技术背景

围挡是指为了将建设施工现场与外部环境隔离开来，使施工现场成为一个相对封闭的空间所采取的措施。随着人民生活水平的日益提高，建设美丽中国的推进，相关部门对环保的要求日益严格，对施工时的噪声、扬尘等问题提出了更高的要求，因此简单的围挡无法满足需求。

现有的围挡存在性能较差、降尘降噪效果较差的问题，因此我们提出了一种降尘降噪围挡。

实用新型内容

针对现有技术的不足，本实用新型提供了一种降尘降噪围挡，解决了现有的围挡性能较差、降尘降噪效果较差的问题。

本实用新型是通过以下技术方案得以实现的。

一种降尘降噪围挡，包括：围挡框架，所述围挡框架的外侧壁固定连接支架；降尘组件，所述降尘组件设置在所述围挡框架的内部，用于降低灰尘；降噪组件，所述降噪组件设置在所述围挡框架的内部，用于吸收施工噪声。

通过采用上述技术方案，通过设置降尘组件，可以有效地保证施工工地的灰尘不会越过围挡，极大地减少了灰尘外泄；通过设置降噪组件，可以吸收施工工地的噪声，减轻噪声污染。

所述降尘组件包括：两个吸尘口，两个所述吸尘口均开设在所述阻燃复合纤维吸声板的一侧，所述固定孔的内部固定套设旋转管，所述围挡框架的内壁左、右两侧分别设有稳定孔，所述稳定孔与所述固定孔的位置相对应，所述旋转管的一端穿过所述稳定孔延伸至所述围挡框架的内部，所述围挡框架的内部设置两个吸尘管道，所述吸尘管道的外壁面设有连通孔，所述连通孔的内部固定套设连通管，所述连通管的一端与所述旋转管的内部活动套设，所述阻燃复合纤维吸声板与所述旋转管、所述连通管和实施连通孔连通，两个所述吸尘管道之间设置吸尘器本体，所述吸尘管道与所述吸尘器本体的吸风口固定套设。

采用上述技术方案，设置吸尘器本体。工作人员启动吸尘器本体，吸尘器本体进行抽风，从而可以将阻燃复合纤维吸声板表面的灰尘从吸尘口吸入阻燃复合纤维吸声板的内部，并再次通过旋转管与连通管进入吸尘管道的内部，从而可以将灰尘收集至吸尘器本体的内部。

所述降噪组件包括：阻燃复合纤维吸声板，所述阻燃复合纤维吸声板固定连接在所述围挡框架的内部；多孔吸声板，所述多孔吸声板固定连接在所述围挡框架的内部，所述多孔吸声板的一侧四个拐角位置分别固定连接橡胶块；所述围挡框架的内部固定连接薄膜共振吸声板，所述薄膜共振吸声板靠近所述多孔吸声板的一侧与所述橡胶块连接。

通过采用上述技术方案，通过设置阻燃复合纤维吸声板、多孔吸声板与薄膜共振吸声板，对施工工地的噪声进行吸收，从而减少施工工地嘈杂的噪声，提高附近居民的居住环境质量。

所述围挡框架的内部底面固定连接两个驱动电机，所述驱动电机旋转轴的一端固定连接主动齿轮，所述旋转管的外圆壁面固定套设从动齿轮，所述围挡框架的内部设置两个链条本体，所述主动齿轮与所述从动齿轮均与所述链条本体相啮合。

采用上述技术方案,设置主动齿轮,工作人员启动主动齿轮,主动齿轮旋转轴的一端顺时针与逆时针反复交替旋转,可以带动从动齿轮进行顺时针与逆时针反复交替旋转,从而使得若干个吸尘口可以进行摆动,进而使得降尘组件的吸尘范围大幅度增加,提高了降尘组件的工作效率。

所述围挡框架的一侧固定安装太阳能板本体,所述太阳能板本体的底面与所述支架的顶面连接,所述围挡框架的内部上方固定安装蓄电池,所述蓄电池与所述太阳能板本体电性连接,所述蓄电池与所述吸尘器本体和所述驱动电机电性连接。

采用上述技术方案,设置太阳能板本体,通过太阳能板本体为驱动电机与吸尘器本体提供动能,可以更加低碳、绿色、环保。

所述多孔吸声板为铝制穿孔薄板,所述薄膜共振吸声板由软质薄膜材料制造,所述多孔吸声板与所述薄膜共振吸声板之间预留空腔,所述阻燃复合纤维吸声板由阻燃材料和吸声纤维复合而成。

采用上述技术方案,设置橡胶块,通过橡胶块使得多孔吸声板与薄膜共振吸声板之间预留空腔,增强降噪效果,并且可以有效减小冲击,提高稳定性。

综上所述,本实用新型主要具有以下有益效果。

设置降尘组件,通过降尘组件可以有效地保证施工工地的灰尘不会越过围挡框架,极大地减少了施工场地的灰尘外泄,通过设置降噪组件对施工工地的噪声进行吸收,从而减少了施工工地嘈杂的噪声,提高了附近居民的居住环境。

设置主动齿轮,通过主动齿轮旋转轴的一端顺时针与逆时针反复交替旋转,可以带动从动齿轮进行顺时针与逆时针反复交替旋转,从而使得若干个吸尘口可以进行摆动,进而使得降尘组件的吸尘范围大幅度增加,提高了降尘组件的工作效率。

附图说明

图1.34是本实用新型的立体结构示意图。

图1.35是本实用新型的拆分结构示意图。

图1.36是本实用新型的多孔吸声板结构示意图。

图1.37是本实用新型的吸尘口结构示意图。

图1.38是本实用新型的吸尘管道结构示意图。

附图标记:1—围挡框架;2—支架;3—阻燃复合纤维吸声板;4—固定孔;5—吸尘口;6—旋转管;7—吸尘管道;8—连通孔;9—连通管;10—吸尘器本体;11—稳定孔;12—多孔吸声板;13—薄膜共振吸声板;14—驱动电机;15—主动齿轮;16—从动齿轮;17—链条本体;18—太阳能板本体;19—蓄电池;20—橡胶块。

具体实施方式

下面将结合本实用新型实施例中的附图,对本实用新型实施例中的技术方案进行清楚、完整的描述。显然,所描述的实施例仅仅是本实用新型一部分实施例,而不是全部的实施例。基于本实用新型中的实施例,本领域普通技术人员在没有做出创造性劳动的前提下所获得的所有其他实施例都属于本实用新型保护的范围。

参考图1.34和图1.35,一种降尘降噪围挡,包括围挡框架1,所述围挡框架1为矩形框中空结构,围挡框架1的外侧壁固定安装支架2,围挡框架1的内部设置若干个阻燃复合纤维吸声板3。阻燃复合纤维吸声板3的左、右两侧分别设有固定孔4,围挡框架1的内部设置降尘组件,用于降低灰尘。围挡框架1的一侧固定安装太阳能板本体18,太阳能板本体

18 为已有结构,在此不做赘述。太阳能板本体 18 的底面与支架 2 的顶面相连接,围挡框架 1 的内部上方固定安装蓄电池 19。蓄电池 19 为已有结构,在此不做赘述。通过设置太阳能板本体 18 为驱动电机 14 与吸尘器本体 10 提供动能,从而可以更加低碳、绿色、环保。

参考图 1.35~图 1.38,降尘组件包括两个吸尘口 5,两个吸尘口 5 均开设在阻燃复合纤维吸声板 3 的一侧,固定孔 4 的内部固定套设旋转管 6。旋转管 6 为圆管形结构,围挡框架 1 的内壁左、右两侧分别设有稳定孔 11,稳定孔 11 与固定孔 4 的位置相对应。旋转管 6 的一端穿过稳定孔 11 延伸至围挡框架 1 的内部,围挡框架 1 的内部设置两个吸尘管道 7,吸尘管道 7 为 L 形管中空结构,且顶端为封口,另一端为敞口。吸尘管道 7 的外壁面设有连通孔 8,连通孔 8 的内部固定套设连通管 9,连通管 9 为圆管形结构,连通管 9 的一端与旋转管 6 的内部活动套设,阻燃复合纤维吸声板 3 与旋转管 6、连通管 9 和连通孔 8 连通,两个吸尘管道 7 之间设置吸尘器本体 10。吸尘器本体 10 为已有结构,在此不做赘述。吸尘管道 7 与吸尘器本体 10 的吸风口固定套设,围挡框架 1 的内部设置消音件,用于吸收施工噪声,工作人员启动吸尘器本体 10,通过吸尘器本体 10 进行抽风,从而可以对阻燃复合纤维吸声板 3 表面的灰尘从吸尘口 5 吸入阻燃复合纤维吸声板 3 的内部,并再次通过旋转管 6 与连通管 9 进入吸尘管道 7 的内部,从而可以将灰尘收集至吸尘器本体 10 的内部。消音件包括多孔吸声板 12,多孔吸声板 12 固定安装在围挡框架 1 的内部,多孔吸声板 12 的一侧四个拐角位置分别固定安装橡胶块 20,围挡框架 1 的内部固定安装薄膜共振吸声板 13,薄膜共振吸声板 13 靠近多孔吸声板 12 的一侧与橡胶块 20 连接。

参考图 1.35~图 1.37,围挡框架 1 的内部底面固定安装两个驱动电机 14,驱动电机 14 为已有结构,在此不做赘述。驱动电机 14 旋转轴的一端固定安装主动齿轮 15,主动齿轮 15 为已有结构,在此不做赘述。旋转管 6 的外圆壁面固定套设从动齿轮 16,从动齿轮 16 为已有结构,在此不做赘述。围挡框架 1 的内部设置两个链条本体 17,链条本体 17 为已有结构,在此不做赘述。主动齿轮 15 与从动齿轮 16 均与链条本体 17 相啮合,蓄电池 19 与太阳能板本体 18 电性连接,蓄电池 19 与吸尘器本体 10 和驱动电机 14 电性连接,多孔吸声板 12 为铝制穿孔薄板。薄膜共振吸声板 13 由软质薄膜材料制造,多孔吸声板 12 与薄膜共振吸声板 13 之间预留空腔。阻燃复合纤维吸声板 3 由阻燃材料和吸声纤维复合而成。

工作原理:参考图 1.34~图 1.38,在使用时,设置主动齿轮 15,工作人员启动主动齿轮 15,主动齿轮 15 旋转轴的一端顺时针与逆时针反复交替旋转,可以带动从动齿轮 16 进行顺时针与逆时针反复交替旋转,从而使得若干个阻燃复合纤维吸声板 3 可以进行摆动,进而使得降尘组件的吸尘范围大幅度增加,提高了降尘组件的工作效率。设置吸尘器本体 10,工作人员启动吸尘器本体 10,吸尘器本体 10 进行抽风,可以对阻燃复合纤维吸声板 3 表面的灰尘从吸尘口 5 吸入阻燃复合纤维吸声板 3 的内部,并再次通过旋转管 6 与连通管 9 进入吸尘管道 7 的内部,可以将灰尘收集至吸尘器本体 10 的内部。设置多孔吸声板 12 与薄膜共振吸声板 13,通过多孔吸声板 12 与薄膜共振吸声板 13 对施工工地的噪声进行吸收,从而减少了施工工地嘈杂的噪声,提高了附近居民的居住环境。设置太阳能板本体 18,通过太阳能板本体 18 为驱动电机 14 与吸尘器本体 10 提供动能,从而可以更加低碳、绿色、环保。

尽管已经示出和描述了本实用新型的实施例,对于本领域的普通技术人员而言,在不脱离本实用新型的原理和精神的情况下可以对这些实施例进行多种变化、修改、替换和变型,本实用新型的范围由所附权利要求及其等同物限定。

说明书附图

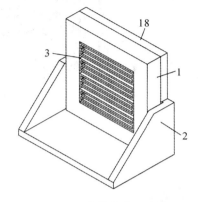

图 1.34 立体结构示意图

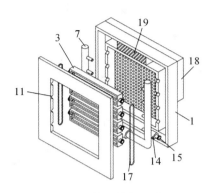

图 1.35 拆分结构示意图

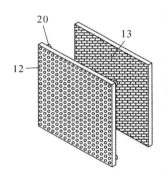

图 1.36 多孔吸声板结构示意图

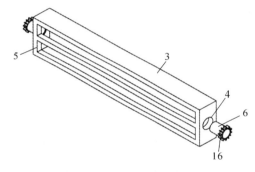

图 1.37 吸尘口结构示意图

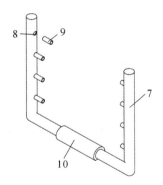

图 1.38 吸尘管道结构示意图

为了便于准确、清楚、形象地表达该专利的构造、组成及功能作用,利用三维软件建立了该专利的 3D 模型图,具体如图 1.39～图 1.41 所示。

 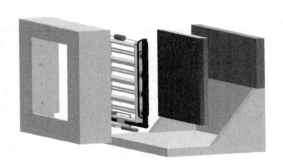

图 1.39　3D 整体示意图　　　　　图 1.40　3D 拆分结构示意图

图 1.41　3D 降尘降噪组件示意图

上述专利仍有待改进和完善的地方，请各小组运用移植法对上述专利进行改进，得出新的创新成果。

学习目标

（1）明确移植法的基本概念及原理。
（2）掌握移植法的种类和含义。
（3）明确移植法的实施步骤。
（4）能熟练运用特定移植法创新性地解决实际问题。

任务分组

任务分组表如表 1.16 所示。

表 1.16　任务分组表

班级		组号		指导老师		备注	
组长		分工职责					
组员 1		分工职责					
组员 2		分工职责					
组员 3		分工职责					

续表

班级		组号		指导老师		备注	
组员4		分工职责					
组员5		分工职责					
…		分工职责					

相关知识点

一、移植法的基本概念及原理

1. 什么是移植法

移植法是指将某一领域的原理、方法及成果引用或渗透到其他领域，用以创造新事物或变革旧事物的方法。移植也可以说是"搬"，是一种简单、有效的创造方法。移植的原意是指把播种在苗床或秧田里的幼苗拔起或连土掘起，然后种在其他地方；医学上的移植是指将有机体的一部分组织和器官补在同一机体或另一机体的缺陷部位上，使它逐渐得到修复。移栽植物是人类在实际生产劳动中创造的一种种植方法，器官移植是人类在医学领域创造的一种方法，移植法是科技创新领域的一种重要方法。

2. 移植法的原理

移植往往以联想、类比为前提，把研究的对象和熟悉的对象进行比较，把未知的东西和已知的东西联系起来，寻求不同对象之间的共同点和相似点，从而实现各种事物技术和功能之间的相互转移，促进事物间的交叉、渗透和综合。

移植法的原理是在各种理论和技术之间相互转移，一般是把已成熟的成果转移、应用到新的领域，用来解决新的问题，因此，它是现有成果在新情境下的延伸、拓展和再创造。

二、怎样运用移植法

1. 移植法的分类

移植法可分为原理移植、方法移植、结构移植、材料移植、环境移植和功能移植等方法。

（1）原理移植。

原理移植是指从现有的成果出发去寻找新的载体，将某一学科的技术原理向新的领域推广以有所创新。例如，把磁性物质同性相斥推广到机械设计中，从而有磁悬浮轴承、磁悬浮列车、磁悬浮弓箭的诞生。

（2）方法移植。

方法移植是指从问题出发去寻找其他现有成果以解决问题，属于解决问题的途径和手段的移植。例如，"发泡"是蒸馒头、做面包时使其松软的方法，人们先后把这种方法用到其他领域得到发泡水泥、发泡肥皂、发泡冰淇淋、发泡保温材料、海绵橡胶等多种创造性成果。

（3）结构移植。

结构移植是指将某一事物的结构形式或结构特征向另一事物移植，是结构变革的基本途径之一。物品的结构都是为使用功能和原理功能的要求服务的，同样的结构功能可以有很多不同的具体结构形式，而同一种结构功能又可以体现在不同技术、不同行业和不同类属的物品上。所以，某种产物的结构功能与另一待创造物所需要的结构功能相近时，该结构就有可能满足待创造物的某些使用功能或原理功能。因此,在发明创造的结构设计阶段,要明确创造对象的基本结构功能是什么,然后运用分析信息法横向寻觅有同类结构功能的产品,优选出最佳结构,大胆进行移植试验。

(4) 材料移植。

产品的使用功能和使用价值除了取决于技术创造的原理功能和结构功能外,也取决于物质材料。物质材料的每一次创造性应用在带来新的使用功能和使用价值的同时,也使人们对它产生了新的认识。物质材料在各种产品上的广泛应用大大开阔了人们的眼界。

(5) 环境移植。

环境移植是指事物本身不发生变化,而将其"原封不动"地搬到其他领域,以产生新的使用价值。例如,将家用远红外防盗报警器搬到学生课桌上,当学生坐姿不良时,报警器就报警,以达到预防近视的目的。

(6) 功能移植。

功能移植是指通过设法使某一事物的某种功能为另一事物所具有而解决某个问题。

2. 移植法实施步骤

移植有两条思路:一是成果推广型移植,即主动地考虑把已有的成果向其他领域拓展延伸的移植,其关键是在搞清现有成果的原理、功能及使用范围的基础上,利用发散思维方法寻找新载体;二是解决问题型移植,即从待研究的问题出发,为了解决其中有关基本功能、原理、结构、材料或方法的问题而考虑移植其他领域中相似的情形,从研究的问题出发,通过发散思维,找到现有成果,通过移植使问题得到解决。

值得注意的是,移植是借助类比的启示和沟通实现的,这决定了移植法在很大程度上是一种试探性方法,移植到载体的功能、结构、原理、材料要经过适应性调整并且经过验证才能证明新事物有生命力。移植法的适应范围会受到一定客观基础与主观认识的限制。移植的跨度越大,这种限制表现得越突出。因此,分析和准确地把握移植的限度,是运用移植法必须注意的问题。

具体实施步骤如下。

(1) 进行小组分组。

① 明确小组分组及各小组人数。

按照自愿和优势互补的原则进行小组分组,小组人数最佳为 5 或 6 人。

② 确定小组组长。

组长必须熟悉移植法的各种类型及其内涵,明确移植法的原理和应用方法,必须拥有良好的沟通能力和责任心,具有一定的组织能力和协调能力,思维敏捷,能积极引导小组开展创新活动,活跃创新活动气氛。

(2) 确定移植法的类型和成员分工。

各小组根据创新主题,在"成果推广型"和"解决问题型"两大思路的基础上,明确各小组采用"原理移植、方法移植、结构移植、材料移植,环境移植和功能移植"六种移植方法中的何种移植法进行创新活动,在小组讨论的基础上,明确各小组成员的分工职责。

(3) 开展移植法的材料、设备及知识准备。

① 移植法所需材料和设备。

小组需准备一定数量的白色纸张和笔,以方便记录。每小组尽量配备一台笔记本电脑以方便查阅资料。

② 移植法知识准备。

小组成员需掌握移植法的两条思路及六种类型,熟悉本小组运用的移植法类型,明确本次创新活动的主题,并查阅和收集相关资料。

(4) 开展讨论并记录筛选。

小组成员各抒己见,并将自己的创新设想记录在纸张上。待讨论结束后,由组长将创新设想进行收集、分类和整理,并开展小组讨论,从诸多设想中排除可行性不高的设想,确定合理设想。

(5) 汇报展示。

从小组成员中选一位同学恰当使用多种方式展示本小组的创新成果。

实训准备

(1) 阅读给出的学习情境,提前收集移植法主题的相关资料。
(2) 研究分析学习情境中给出专利的技术特征、创新点及运用的创新方法和思想等。
(3) 熟悉移植法的基本概念和原理。
(4) 熟悉移植法的运用流程和实施步骤。
(5) 做好实训需要的知识储备和心理准备,准备好需要的材料及设备等。

实训实施

(1) 确定分组组长及组员名单。
(2) 研究创新故事与学习情境,从移植法角度分析给出的专利。
(3) 确定各组采用何种类型的移植法开展创新活动。
(4) 明确小组成员的分工职责。
(5) 针对学习情境的任务开展移植法的创新活动。
(6) 对创新成果进行梳理、总结和筛选。
(7) 汇报并展示最终的创新成果。

考核与评价

1. 小组自评

小组自评表如表 1.17 所示。

表 1.17 小组自评表

班级:	姓名:	学号:	组别:
子模块 4		移植法(一种降尘降噪围挡)	
评价项目	评价标准	分值	得分
移植法的概念	能明确移植法的概念	10	
移植法的原理	能明确移植法的原理	10	
小组所采用移植法的基本含义	能正确理解所采用移植法的基本含义	10	
小组所采用移植法的运用	能正确运用相应移植法开展针对学习情境所给专利的创新改进	10	

续表

评价项目	评价标准	分值	得分
创新成果筛选	能高效筛选出移植法获得的最优创新成果	10	
创新成果展示	能运用多种方式恰当、合理、准确、全面地表述出创新成果	10	
实训态度	能做到无故不缺勤、不迟到、不早退,态度端正	10	
实训质量	能按照计划高质量完成实训	10	
团队协作能力	能与团队成员合作交流、协作开展实训	10	
创新意识和能力	能提出不同一般的创新观点或者方法	10	
合计		100	

2. 小组互评

小组互评表如表 1.18 所示。

表 1.18　小组互评表

子模块 4		移植法(一种降尘降噪围挡)									评价组别					
评价项目	分值	评价等级									1	2	3	4	5	6	7
组织合理	10	优	9	良	8	中	7	及格	6	不及格	5						
团队协作	15	优	12	良	10	中	8	及格	6	不及格	5						
实训效率	15	优	12	良	10	中	8	及格	6	不及格	5						
实训质量	15	优	12	良	10	中	8	及格	6	不及格	5						
实训规范	15	优	12	良	10	中	8	及格	6	不及格	5						
成果展示	15	优	12	良	10	中	8	及格	6	不及格	5						
创新程度	15	优	12	良	10	中	8	及格	6	不及格	5						
合计	100																

3. 教师评价

教师评价表如表 1.19 所示。

表 1.19　教师评价表

子模块 4		移植法(一种降尘降噪围挡)									评价组别					
评价项目	分值	评价等级									1	2	3	4	5	6	7
组织合理	10	优	9	良	8	中	7	及格	6	不及格	5						
团队协作	15	优	12	良	10	中	8	及格	6	不及格	5						
实训效率	15	优	12	良	10	中	8	及格	6	不及格	5						
实训质量	15	优	12	良	10	中	8	及格	6	不及格	5						
实训规范	15	优	12	良	10	中	8	及格	6	不及格	5						
成果展示	15	优	12	良	10	中	8	及格	6	不及格	5						
创新程度	15	优	12	良	10	中	8	及格	6	不及格	5						
合计	100																

4. 综合评价

综合评价表如表 1.20 所示。

表 1.20 综合评价表

班级：	姓名：	学号：	组别：
小组自评(15%)	小组互评(25%)	教师评价(60%)	综合评价

思政元素

（1）理论联系实际的意识和能力，正确的世界观、人生观和价值观。
（2）推陈出新的学习和工作态度。
（3）敢于承受压力、勇于突破现状、敢于尝试的品格。
（4）团队沟通、组织协作的能力。
（5）民族自豪感和自信心。

教师总结

教师结合课程思政元素对各小组的实训实施过程、汇报过程及创新成果等进行分析、总结和点评，将移植法的相关知识点和内容进行讲解、梳理、强化和总结。

拓展练习

一种应对复杂路况的交通信号灯

摘要

本实用新型公开了一种应对复杂路况的交通信号灯，包括飞行器本体、飞行器支架、螺旋桨支架、飞行螺旋桨和交通信号灯；所述飞行器本体为六棱柱体，侧部六个面上设置六组扩音器和六个螺旋桨支架，每个螺旋桨支架端部连接飞行螺旋桨；所述飞行器本体下面设置飞行器支架和摄像头；所述飞行器本体上面开有灯槽，所述交通信号灯安装在灯槽内。当交通道路堵塞严重且指挥交通的警察无法尽快到达堵塞中心时，可以使用该仪器。交通警察可以升起飞行器，快速分析路段情况，找到堵塞中心，利用飞行器上的信号灯指挥交通，从而减少堵塞时间，减轻交通压力。

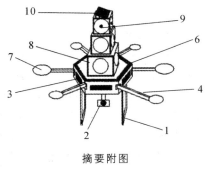

摘要附图

权利要求书

（1）一种应对复杂路况的交通信号灯，其特征在于，包括飞行器本体、飞行器支架 1、螺旋桨支架4、飞行螺旋桨7和交通信号灯8。

所述飞行器本体为六棱柱体,侧部六个面上设置六组扩音器3和六个螺旋桨支架4,每个螺旋桨支架端部连接飞行螺旋桨7;所述飞行器本体下面设置飞行器支架1和摄像头2;所述飞行器本体上面开有灯槽5,所述交通信号灯8安装在灯槽内。

(2)根据权利要求(1)所述的一种应对复杂路况的交通信号灯,其特征在于:包括用于保护螺旋桨的保护架11,所述保护架11包括底部底座11-4、背板11-2和盖板11-1;所述背板11-2顶部连接盖板11-1,底部与底座11-4后端连接;所述底座11-4上开有"凸"字形插槽11-3,所述螺旋桨支架4插入插槽11-3。

(3)根据权利要求(1)所述的一种应对复杂路况的交通信号灯,其特征在于:所述飞行器支架1为抗振支架。

(4)根据权利要求(1)或(2)所述的一种应对复杂路况的交通信号灯,其特征在于:所述摄像头2为可转动高清摄像头。

(5)根据权利要求(1)或(2)所述的一种应对复杂路况的交通信号灯,其特征在于:所述飞行器本体的六条棱上分布条状警示灯6。

(6)根据权利要求(1)或(2)所述的一种应对复杂路况的交通信号灯,其特征在于:所述交通信号灯8包括三层信号灯,顶层信号灯的上部设置续航太阳能板10,顶层信号灯的四个面上设有四组高清摄像头9。

说明书:一种应对复杂路况的交通信号灯

技术领域

本实用新型涉及道路交通领域,尤其涉及一种应对复杂路况的交通信号灯。

技术背景

交通是城市经济生活的命脉,对城市经济发展、人民生活水平的提高起着十分重要的作用。城市交通问题是困扰城市发展、制约城市经济建设的重要因素。城市道路增长的有限与车辆增加的无限这一系列矛盾是导致城市交通拥挤的根本原因。自从开始使用计算机控制系统后,虽然交通控制领域得到了进一步改善,但是在面对交通系统瘫痪或突发自然灾害等一些不可避免的情况时,道路拥堵现象仍然不能得到快速解决。现有交通信号灯存在过于固定、发生突然事件时机动性差、受电力制约性强等不足。

发明内容

本实用新型目的是提供一种应对复杂路况的交通信号灯,易组合与拆分、便于携带、可机动性强、受外界影响小、可快速采集信息并指挥交通。

为解决上述技术问题,本实用新型采用如下技术方案:一种应对复杂路况的交通信号灯,包括飞行器本体、飞行器支架、螺旋桨支架、飞行螺旋桨和交通信号灯;所述飞行器本体为六棱柱体,侧部六个面上设置六组扩音器和六个螺旋桨支架,每个螺旋桨支架端部连接飞行螺旋桨;所述飞行器本体下面设置飞行器支架和摄像头;所述飞行器本体上面开有灯槽,所述交通信号灯安装在灯槽内。

本实用新型进一步的改进在于:包括用于保护螺旋桨的保护架,所述保护架包括底部底座、背板和盖板;所述背板顶部连接盖板,底部与底座后端连接;所述底座上开有"凸"字形插槽,所述螺旋桨支架插入插槽。

本实用新型进一步的改进在于:所述飞行器支架为抗振支架。

本实用新型进一步的改进在于：所述摄像头为可转动高清摄像头。

本实用新型进一步的改进在于：所述飞行器本体的六条棱上分布条状警示灯。

本实用新型进一步的改进在于：所述交通信号灯包括三层信号灯，顶层信号灯的上部设置续航太阳能板，顶层信号灯的四个面上设有四组高清摄像头。

由上述技术方案可以看出，本实用新型具有如下优点。

（1）当交通道路堵塞严重，且指挥交通的警察无法尽快到达堵塞中心时，交通警察可以使用该仪器。交通警察可以升起飞行器，快速分析路段情况，找到堵塞中心，利用飞行器上的信号灯指挥交通，从而减少堵塞时间，减轻交通压力。

（2）当交通系统瘫痪时，可通过扩音器播音功能全方位地传播信息，辅助交通警察更好地指挥交通。例如，当遇到交通系统断电情况、地震等一些不可抗拒的灾难时，该仪器的应用尤为重要。

（3）虽然现代经济高速发展，但是依然还有很多路段没有或没有必要设置交通指示灯。若遇到偶然堵塞现象也可以将其灵活运用上。

（4）本仪器具有结构形式简单、易组合与拆分、便于携带、可机动性强、受外界影响小、可快速采集信息并指挥交通等优点，实用性较强，易于推广。

附图说明

图1.42是本实用新型的结构示意图。

图1.43是本实用新型的飞行器本体示意图。

图1.44是本实用新型的保护架安装示意图。

图1.45是本实用新型的保护架结构示意图。

图中：1—飞行器支架；2—摄像头；3—扩音器；4—螺旋桨支架；5—灯槽；6—警示灯；7—飞行螺旋桨；7-1—螺旋桨连接杆；8—交通信号灯；9—高清摄像头；10—续航太阳能板；11—保护架；11-1—盖板；11-2—背板；11-3—插槽；11-4—底座。

具体实施方式

下面结合附图对本实用新型作进一步详细说明。

在本实用新型的描述中，需要说明的是，除非另有明确的规定和限定，术语"安装""相连""连接"应作广义理解，例如，可以是固定连接，也可以是可拆卸连接，或一体连接；可以是机械连接，也可以是电连接；可以直接相连，也可以通过中间媒介间接相连，还可以是两个元件内部的连通。对于本领域的普通技术人员而言，可以视具体情况理解上述术语在本实用新型中的具体含义。

本实用新型的一种实施例：如图1.42和图1.43所示，一种应对复杂路况的交通信号灯，包括飞行器本体、飞行器支架1、螺旋桨支架4、飞行螺旋桨7和交通信号灯8；飞行器本体为六棱柱体，侧部六个面上设置六组扩音器3和六个螺旋桨支架4，每个螺旋桨支架端部连接飞行螺旋桨7；所述飞行器本体下面设置飞行器支架1和摄像头2；所述飞行器本体上面开有灯槽5，所述交通信号灯8安装在灯槽内。灯槽是为了组装上部分交通信号灯而预留的槽，方便拆分，组装灵活。

在本实用新型的另一些具体实施方式中，其余与上述实施方式相同，不同之处在于，如图1.44和图1.45所示，在螺旋桨支架4上设置保护螺旋桨的保护架11，所述保护架11包括底座11-4、背板11-2和盖板11-1；所述背板11-2顶部连接盖板11-1，底部与底座11-4后端连接；所述底座11-4上开有"凸"字形插槽11-3，插槽11-3形状对应飞行螺旋桨7与螺旋桨连接杆 7-1。安装时，螺旋桨支架 4 和螺旋桨连接杆 7-1 插入插槽 11-3 中，完成保护架 11 的安装。

在本实用新型的另一些具体实施方式中，其余与上述实施方式相同，不同之处在于，如图 1.42 所示，飞行器支架 1 为抗振支架。可保证交通信号灯飞行器安全降落。

在本实用新型的另一些具体实施方式中，其余与上述实施方式相同，不同之处在于，如图 1.42 所示，摄像头 2 为可转动高清摄像头，可以 360°旋转，当飞行器升空时，该仪器可以快速采集地面信息，向指挥系统提供材料，从而快速处理问题。

在本实用新型的另一些具体实施方式中，其余与上述实施方式相同，不同之处在于，如图 1.42 所示，飞行器本体的六条棱上分布条状警示灯 6，以更明显地警示该飞行器的存在，从而对飞行器进行避让。

在本实用新型的另一些具体实施方式中，其余与上述实施方式相同，不同之处在于，如图 1.42 所示，交通信号灯 8 包括三层信号灯，顶层信号灯的上部设置续航太阳能板 10，顶层信号灯的四个面上设有四组高清摄像头 9。信号灯的三个层面均为正方体，方便多方位交通指挥。信号灯可根据现场实际情况进行调整，及时疏通路况。四组高清摄像头分布在第三层信号灯上。当飞行器落地定位并指挥交通时可以随时监控四方的情况，并且实时传输。续航太阳能电池板可以在工作中采集光能转化为电能，最大限度地自给能量，增加工作时长，提高工作效率，达到环保的目的。

当然上述实施例只为说明本实用新型的技术构思及特点，其目的在于让熟悉此项技术的人能够了解本实用新型的内容并据以实施，并不能以此限制本实用新型的保护范围。凡根据本实用新型主要技术方案的精神实质所作的等效变换或修饰，都应涵盖在本实用新型的保护范围之内。

说明书附图

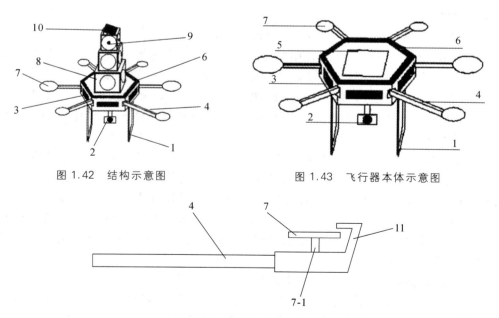

图 1.42　结构示意图　　图 1.43　飞行器本体示意图

图 1.44　保护架安装示意图

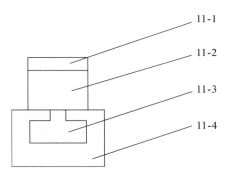

图 1.45 保护架结构示意图

为了便于准确、清楚地表达该专利的构造、组成及功能作用,建立了该专利的 3D 模型图,具体如图 1.46 和图 1.47 所示。

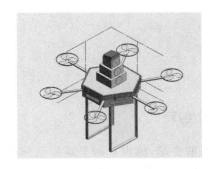 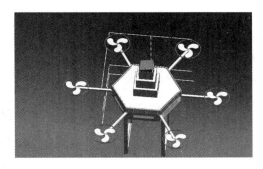

图 1.46 信号灯飞行器 3D 整体图　　图 1.47 信号灯飞行器 3D 俯视图

以小组为单位,对上述专利进行分析,并按照前述流程,运用特定类型的移植法对该专利进行创新改进,得到有意义的创新成果。

子模块 5 类比法

创新故事

从高空到海洋的类比创新

著名的瑞士科学家皮卡尔是一位研究大气平流层的专家,他设计的平流层气球飞到过 15690 m 的高空。后来,他又把研究兴趣转到了海洋,研究深潜器,想利用平流层气球的原理改进深潜器。

在此前,深潜器都是靠钢缆吊入水中的,一直无法突破 2000 m 大关。

如果在深潜器上加一只浮筒,不也像一只"气球"一样可以在海水中自行上浮了吗?皮卡尔和他的儿子小皮卡尔设计了一个由钢制潜水球和外形像船一样的浮筒组成的深潜器,在浮筒中充满比海水轻的汽油,为深潜器提供浮力;同时,又在潜水球中放入铁砂作为压舱物,使深潜器沉入海底。如果深潜器要浮上来,只要将压舱的铁砂抛入海中,就可借助浮筒的浮力升至海上。再给深潜器配上动力,它就可以在任何深度的海洋中自由行动,再也不需要拖上一根钢缆了。

皮卡尔父子运用类比创新进行的这一设计获得了很大的成功,也因此获得了"上天入海的科学家"的美名。

学习情境

一种用于岩土工程勘察钻探的原状土样转运箱

摘要

一种用于岩土工程勘察钻探的原状土样转运箱包括箱体和箱盖,所述箱体和所述箱盖之间通过铰接方式连接,所述箱体和所述箱盖之间设置有闭锁装置,所述箱体内部设置土样套筒组本体,所述土样套筒组本体内部设置感应器本体,所述箱体外侧设置设备区,所述箱盖与所述土样套筒组本体接触的面上设置充气气垫,所述设备区的下方设置气体阀门,所述气体阀门与所述充气气垫贯通连接。

权利要求书

(1) 一种用于岩土工程勘察钻探的原状土样转运箱,包括箱体和箱盖,所述箱体1和所述箱盖2之间通过铰接方式连接,其特征在于:所述箱体和所述箱盖之间设置闭锁装置3,所述箱体内部设置土样套筒组本体4,所述土样套筒组本体内部设置感应器本体5,所述箱体外侧设置设备区6,所述箱盖与所述土样套筒组本体接触的面上设置充气气垫7,所述设备区的下方设置气体阀门11,所述气体阀门与所述充气气垫贯通连接。

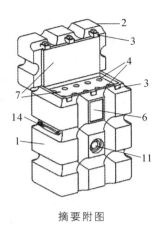

摘要附图

(2) 根据权利要求(1)所述的一种用于岩土工程勘察钻探的原状土样转运箱,其特征在于:所述设备区和所述感应器本体通过电性方式连接。

(3) 根据权利要求(1)所述的一种用于岩土工程勘察钻探的原状土样转运箱,其特征在于:所述土样套筒组本体包括A部12和B部13,所述A部的下端设置所述感应器本体,上端设置提把14。

(4) 根据权利要求(3)所述的一种用于岩土工程勘察钻探的原状土样转运箱,其特征在于:所述A部的侧壁设置卡槽结构15,所述B部的侧壁设置卡钩16,所述B部通过底部卡钩卡合住所述A部的卡槽结构后,向所述A部的底部方向平移直至合紧,与所述A部组合使用。

(5) 根据权利要求(1)所述的一种用于岩土工程勘察钻探的原状土样转运箱,其特征在于:所述箱体包括三层,外层为橡胶材质8,中间层为工程塑料9,内层为聚苯乙烯泡沫10,三层之间相互一体式贴合,盖紧时密封。

(6) 根据权利要求(1)所述的一种用于岩土工程勘察钻探的原状土样转运箱,其特征在于:所述气体阀门为双模阀门。

(7) 根据权利要求(1)所述的一种用于岩土工程勘察钻探的原状土样转运箱,其特征在于:所述充气气垫预留空隙呈"田"字形分布。

(8) 根据权利要求(1)所述的一种用于岩土工程勘察钻探的原状土样转运箱,其特征在于:所述箱体外侧四周均设置把手。

说明书:一种用于岩土工程勘察钻探的原状土样转运箱

技术领域

本实用新型涉及岩土勘察取样储运装置领域,具体为一种用于岩土工程勘察钻探的原状土样转运箱。

技术背景

从工程建筑观点,岩土是组成地壳的任何一种岩石和土的统称,岩土可细分为五大类:坚硬的,次坚硬的,软弱联结的,松散无联结的,具有特殊成分、结构、状态和性质的。我国习惯将前两类称为岩石,后三类称为土,统称为"岩土"。

专利号为CN211811195U、公开日期为2020年10月30日的专利方案结构简单，能够轻松、便捷地对取样瓶进行操作，且在整个转运过程中，可以保障土壤样品的形态不受损坏，有利于保持检测结果的准确，但是在转运过程中，原状土样也会受到温度的影响，不能随时进行内部温度的监测；同时在运输过程中无法对运输载体进行稳定性控制，也会导致土壤样品的晃动，因此需要设计一种用于岩土工程勘察钻探的原状土样转运箱来解决上述技术问题。

发明内容

为解决现有技术存在的上述缺陷，本实用新型提供一种用于岩土工程勘察钻探的原状土样转运箱，技术方案如下。

本实用新型提供的用于岩土工程勘察钻探的原状土样转运箱，包括箱体和箱盖，所述箱体和所述箱盖之间通过铰接方式连接，所述箱体和所述箱盖之间设置闭锁装置；所述箱体内部设置土样套筒组本体，所述土样套筒组本体内部设置感应器本体；所述箱体外侧设置设备区，所述箱盖与所述土样套筒组本体接触的面上设置充气气垫；所述设备区的下方设置气体阀门，所述气体阀门与所述充气气垫贯通连接。

本实用新型的进一步改进在于：所述设备区和所述感应器本体通过电性方式连接。

本实用新型的进一步改进在于：所述土样套筒组本体包括A部和B部，所述A部的下端设置所述感应器本体，上端设置提把。

本实用新型的进一步改进在于：所述A部的侧壁设置卡槽结构，所述B部的侧壁设置卡钩，所述B部通过底部卡钩卡合住所述A部的卡槽结构后，向所述A部的底部方向平移，直至合紧，与所述A部组合使用。

本实用新型的进一步改进在于：所述箱体包括三层，外层为橡胶材质，中间层为工程塑料，内层为聚苯乙烯泡沫，三层之间相互一体式贴合，盖紧时密封。

本实用新型的进一步改进在于：所述气体阀门为双模阀门，即旋紧气嘴只可进行充气，旋松气嘴可释放内部气体。

本实用新型的进一步改进在于：所述充气气垫预留空隙呈"田"字形分布。

本实用新型的进一步改进在于：所述箱体外侧四周均设置把手。

本实用新型的有益效果如下。

本实用新型可以检测内部温度，并且可以最大限度保护土壤外形，通过直接将土壤装入容器，将整体容器放入装置，设计三层箱体保护和提手（便于取拿样品），防止整体结构晃动，从而最大范围保证土壤外形不会由于运输而变化，可以保证土壤运输过程中的稳定性和监控温度等因素变量。

附图说明

图1.48是本实用新型的原状土样转运箱的结构示意图。

图1.49是本实用新型的原状土样转运箱闭锁时的结构示意图。

图1.50是本实用新型的原状土样转运箱中A部和B部的结构示意图。

图1.51是本实用新型的"卡钩"和"卡槽"的结构示意图。

图1.52是本实用新型的箱体的结构示意图（剖切示意图）。

图1.53是本实用新型的设备区的结构示意图。

图中：1—箱体；2—箱盖；3—闭锁装置；4—土样套筒组本体；5—感应器本体；6—设备区；7—充气气垫；8—橡胶材质；9—工程塑料；10—聚苯乙烯泡沫；11—气体阀门；12—A部；

13—B部；14—提把；15—卡槽结构；16—卡钩。

具体实施方式

下面将结合本实用新型实施例中的附图，对本实用新型实施例中的技术方案进行清楚、完整的描述，显然所描述的实施例仅仅是本实用新型一部分实施例，而不是全部的实施例。基于本实用新型中的实施例，本领域普通技术人员在没有做出创造性劳动的前提下所获得的所有其他实施例都属于本实用新型保护的范围。

一种用于岩土工程勘察钻探的原状土样转运箱，包括箱体1和箱盖2，所述箱体1和所述箱盖2之间通过铰接方式连接，所述箱体1和所述箱盖2之间设置闭锁装置3。所述箱体1内部设置用于存放原状土的土样套筒组本体4，所述土样套筒组本体4内部设置用于监测土样温/湿度数据变化的感应器本体5，所述感应器本体5具体位于土样套筒A部底部，其顶部的感应介质呈嵌入式向上延伸至盛放土样区域底板的上表面，不高于或低于土样区域底板。感应的数据参数通过无线信号传输至设备区，所述箱体1外侧设置设备区6。所述箱盖2与所述土样套筒组本体4接触的面上设置用于包裹所述土样套筒组本体4的充气气垫7，所述充气气垫7预留空隙，呈"田"字形分布。

所述箱体1包括三层，外层为橡胶材质8，中间层为工程塑料9，内层为聚苯乙烯泡沫10，三层之间相互一体式贴合，盖紧时密封。所述设备区6用于显示和记录数据，所述设备区6整体外观类似板状工具盒，嵌入在所述箱体1表面的凸起部位，内部包含显示屏、无线数据处理装置、数据存储装置和电源。按下开关键可以打开设备，长按则关闭设备，充电口采用当前国内广泛使用的type-c接口，如图1.53中"实时数据"和"存储备份"字样后的"○"为反映电子元器件工作状态的信号灯，可以直观地判断当前工作状态。显示屏中①～⑩分别对应十个土样套筒组，后面的数据参数实时变化显示，右侧的储存卡和USB根据单位需求，均可实现参数变量数据的传输复制，电源和无线数据处理装置均为当前市面上的成熟电子产品，在此不予详细展示。所述感应器本体5的无线传输数据通过无线数据处理装置接收和处理，全程记录于数据存储装置，实时显示在显示屏上，电源向各设备供电。

所述设备区6的下方设置气体阀门11，所述气体阀门11为双模阀门，即旋紧气嘴只可进行充气，旋松气嘴可释放内部气体。所述充气气垫7设置于所述箱体1内部，通过所述气体阀门11进行充气和放气，相互通气。所述设备区6和所述感应器本体5通过电性方式连接。

所述土样套筒组本体4包括A部12和B部13，所述A部12的下端设置所述感应器本体5，上端设置提把14，所述A部12的侧壁设置卡槽结构15，所述B部13的侧壁设置卡钩16，所述B部13通过底部的卡钩16卡合住所述A部12的卡槽结构15后，向所述A部12的底部方向平移，直至合紧，与所述A部12组合使用。原则上所述A部12和B部13在结合后，内、外壁呈一个密闭的同心圆管状，内径与勘探任务使用的钻头内壁尺寸相同，结合处无缝隙。内壁有底板，无顶盖或顶板，在盛放土样时，带有底板的A部12应与地面呈一定夹角，使土样和底板间无缝隙，防止在提把14立起时，土样因重力向下滑落，填满空隙，破坏土的原状。在所述A部12和所述B部13结合时，应当将所述土样套筒组本体4平卧，匀速实施，包括后期向所述箱体1内转移，都应当轻拿轻放，避免碰撞和离心作用。

工作原理如下。

钻探取芯取得的原状土土样在第一时间内移至所述土样套筒组本体4的所述A部12内，所述A部11和所述B部13结合，利用所述提把14将装有土样的所述土样套筒组本体

4拎起，按照顺序插入所述充气气垫7预留的位置中，查看数据传输情况，待土样采集至预期数量时，打开所述气体阀门注入气体，随后关闭所述箱盖。利用所述箱体外侧四周的把手将其搬运至运输工具上，工作人员通过观察设备区"实时数据"和"存储备份"对应指示灯颜色判定工作状态，途中应避免剧烈碰撞和大幅度颠簸。在箱体到达实验场所后，打开所述气体阀门，释放少量气体，使得所述土样套筒组本体可以轻易被拔出。实验人员对土样进行相应实验，技术人员拔出储存卡，或与设备接通USB数据连接，获取各土样从装箱到取出期间的参数变量数据，作为重要的实验数据，提高勘察数据的准确性，为下一步各类设计打下坚实的数据基础。

有益效果如下。

当钻探取芯取出的原状土样转运到室内实验场所时，路途中的颠簸、气温与湿度变化和其他原因导致土样扰动，会干扰土工实验结果，通过土样套筒将土样环抱在内，可以保护原状土形状，套筒插入带有充气气垫的密封箱体，气垫、橡胶、工程塑料和聚苯乙烯泡沫最大限度确保了原状土土样不受外力和环境等因素造成的扰动，避免物理性质变化等。感应器记录土样从装箱到取出期间的温/湿度变化，无线传输至显示屏上并存储备份各土样套筒参数，为实验人员提供变量参数，提高勘察数据的准确性，为下一步各类设计打下坚实的数据基础。

在本实用新型的描述中，需要说明的是，术语"竖直""上""下""水平"等指示的方位或位置关系为基于附图所示的方位或位置关系，仅为了便于描述本实用新型和简化描述，而不指示或暗示所指的装置或元件必须具有特定的方位或以特定的方位构造和操作，因此不能理解为对本实用新型的限制。最后应说明的是，以上所述仅为本实用新型的优选实施例而已，并不用于限制本实用新型，尽管参照前述实施例对本实用新型进行了详细的说明，但对于本领域的技术人员来说，依然可以对前述各实施例所记载的技术方案进行修改，或者对其中部分技术特征进行等同替换。凡在本实用新型的精神和原则之内所作的任何修改、等同替换、改进等，均应包含在本实用新型的保护范围之内。

说明书附图

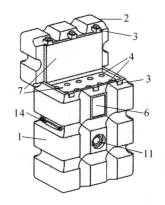

图1.48 原状土样转运箱的结构示意图

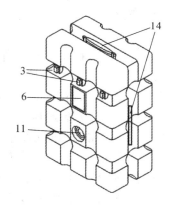

图1.49 原状土样转运箱闭锁时的结构示意图

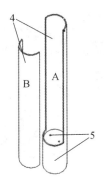
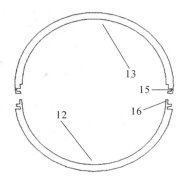

图 1.50　原状土样转运箱中 A 部和 B 部的结构示意图　　图 1.51　"卡钩"和"卡槽"的结构示意图

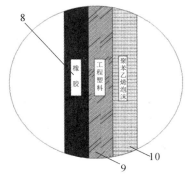

图 1.52　箱体的结构示意图　　　　　　　　　图 1.53　设备区的结构示意图

为了便于准确、清楚地表达该专利的构造、组成及功能作用,建立了该专利的实物模型图,具体如图 1.54～图 1.57 所示。

图 1.54　闭锁情况下箱体外观结构模型图　　图 1.55　开启箱盖情况下内部结构模型图

图 1.56　土样套筒个体结构模型图(1)　　图 1.57　土样套筒个体结构模型图(2)

尝试运用类比法对上述专利进行分析并改进，得出创新成果。

学习目标

(1)明确类比法的基本概念、原理和特点。
(2)熟悉类比法的分类及其内容。
(3)明确类比法的实施步骤。
(4)会熟练运用类比法开展创新实践。

任务分组

任务分组表如表 1.21 所示。

表 1.21　任务分组表

班级		组号		指导老师		备注
组长		分工职责				
组员 1		分工职责				
组员 2		分工职责				
组员 3		分工职责				
组员 4		分工职责				
组员 5		分工职责				
…		分工职责				

相关知识点

一、类比法的基本概念及原理

1.什么是类比法

类比法就是通过对两个(或两类)不同的事物进行比较，找出它们的相似点或相同点，把其中某一事物的有关特征推移到另一对象中去，从而实现创新的方法。类比法是建立在类比推理基础上的一种创造方法。所谓类比，简单地说就是把两类事物加以比较。类比法作为创造方法，除了比较之外，还要进行逻辑推理，即从比较中找到比较对象之间的相似点或不同点,在同中求异,或在异中求同,从而实现创造。

2. 类比法的原理

类比法的思维过程是应用类比联想思维进行创造,利用未知事物的各种因素与已知事物的各种因素,通过异质同化和同质异化两个基本创造过程,越过它们表面的无关,把它们联系和组合起来,求得富有新意的创造性构思。

(1) 异质同化。

异质同化是把陌生的事物看成熟悉的事物,用熟悉的观点和角度认识陌生事物,认为陌生的事物具有与熟悉事物同样的性质、功能、构造、用途等,从而把陌生事物熟悉化、把陌生问题转为熟悉问题,得到关于新事物的创造构思。

(2) 同质异化。

同质异化就是用陌生的眼光看待熟悉的事物,用与以往的观点和角度完全不同的观点和角度观察已知事物,找出已知事物的新性质、新用途、新功能、新结构、新结合等。

二、类比法的特点

类比法的特点是"先比后推,由此及彼"。"比"是类比的基础,"比"既要"比"共同点,也要"比"不同点。古典类比法认为,如果我们在比较中发现被比较的对象有越来越多的共同点,并且知道其中一个对象有某种情况,而另一个对象还没有发现这个情况,这时候人们的头脑就有理由进行类推,认定另一个对象也应有这一情况;现代类比法认为,类比法之所以能够"由此及彼",是因为中间经历了一个归纳和演绎的程序,即从已知的某个或某些对象具有某种情况,经过归纳得出所有对象都具有这种情况,然后经过演绎得出另一个对象也具有这种情况。

三、类比法的主要分类及其内容

1. 直接类比法

直接类比法就是从自然界或者已有成果中寻求与创新对象类似的事物,将它们进行直接比较,在原型的启发下产生新设想的一种技法。

运用直接类比法的步骤如下。

(1) 想一想,世界上有什么事物具有的功能刚好可以解决当前的问题?

(2) 该事物的功能是如何实现的? 即它的原理是怎样的?

(3) 将该原理运用到要解决的问题中。

(4) 完善这个设想。

2. 拟人类比法

拟人类比法也称自身类比法、亲身类比法、人格类比法和角色扮演法,就是将自身与问题要素等同起来。在运用拟人类比法时,创造者把自己想象成研究对象,思考此时自己会有什么感受,在角色扮演中悟出一些与解决问题有关但平时又无法感知的规律,从而创造性地解决问题。

运用拟人类比法的步骤如下。

(1) 变换角色,假设自己就是研究对象,猜测自己会有什么感受;或把无生命的研究对象想象成有生命的、有意识的事物。

(2) 从新的感受中寻找解决问题的办法。

(3) 重回研究者的角色,评价这一设想。

3. 象征类比法

象征类比法是指借助事物的外在形象或象征性符号来类比所思考的问题，从而使人们在间接地反映事物本质的类比中启发思维，产生创造性设想的方法。

4. 幻想类比法

幻想类比法也称空想类比法和狂想类比法，是指通过联想思维或形象思维比较创新对象，从而寻求解决问题的方案的一种方法。幻想类比法的作用可以体现在以下三个方面。

（1）使深奥的、让人费解的事物变得清晰、易懂。

（2）使人们的想象力变得丰富。

（3）使解决问题的方案变得具体。

一般来说，幻想类比法讲究"神"与"物"的相互渗透，人们正是在这种相互渗透的过程中把握要点，悟出道理，进而取得发明创造的成果。

5. 因果类比法

所谓因果就是指原因和结果，合起来说就是指两者的关系。因果类比法是指根据已经掌握的事物的因果关系与正在接受研究的事物的因果关系之间的相同或类似之处，去寻求创新思路的一种类比方法。在创造过程中，掌握了某种因果关系，触类旁通，就有可能获得新的发现，产生新的创意。

6. 仿生类比法

仿生类比法是指模仿有关生物的结构或功能进行发明创造的一种技法。仿生学就是为了解决技术上的难题而应用生物系统知识的学问。无数事实表明，生物领域的某些基本原理和结构是人类创造新事物的巨大智慧源泉。

仿生类比法的实施步骤如下。

（1）根据生产实际提出要解决的技术问题，再根据问题选择性地研究生物体的某些结构和功能，简化所得的生物学资料，选择有益的内容，得到一个生物模型。

（2）对生物学资料进行分析，找到其中的内在联系，建立数学模型。

（3）采用电子、化学、机械等手段，根据数学模型，制造出实物模型，最终实现对生物系统的工程模拟。

7. 对称类比法

对称是指图形或物体对某个点、直线或平面而言，在大小、形状和排列上具有一一对应的关系。自然界中许多事物都存在对称关系，如物理学中的正电荷和负电荷，人的左手和右手等。

四、运用类比法应注意的问题

值得注意的是，运用类比推理所得的结论并不是完全可靠的。类比推理结论的可靠性取决于进行类比的事物之间相同属性的相关程度。例如，牛奶是液体，能经过干燥处理制成奶粉；而汽油也是液体，但不能制成"汽油粉"。这种简单的类比推理所得到的结论并不可靠，只有抓住两个事物在某些本质属性方面的特征进行类比，可靠性才会大大提高。

在运用上述几种类比方法开展创新活动时，在解决问题之初，人们通常习惯于从相似的问题中直接寻找答案，即运用直接类比法。只有当多次尝试均以失败告终或是问题过于复杂时，人们才会转用拟人、象征、幻想等间接的类比方法，以求创造性地解决问题。上述几种类比方法各有侧重点，在创造性活动中能相互补充、渗透和转化，都是创造过程中不可缺少的方法。

五、类比法的实施步骤

（1）进行小组分组。

根据自愿和优势互补的原则,各小组成员进行自由组合,每组5或6人为宜。

（2）确定小组组长。

每组推选出一位组长,组长应具有良好的规划和组织协调能力,具有较强的责任心与耐心。组长应对类比法实施的整个流程非常明确,对各种类比法的含义和基本原理应理解透彻,对所要解决的问题应有比较明确的理解,能灵活地处理讨论中出现的各种情况,能够带动小组创新活动气氛,积极引导小组成员开展创新活动。

（3）确定类比法的类型及成员分工。

① 选择合理的类比对象。

类比对象的选择应以发明创新目标为依据,一般应选择熟悉的对象为类比对象,类比对象应该是生动、直观的事物,以便于进行类比。这一步骤中,联想思维是很重要的,要善于应用联想把表面上毫不相关的事物联系起来。

② 选用合适的类比方法。

对类比的两者进行初步分析、比较,把有关本质问题或理想方案的运用与所需解决的问题联系起来,选择一种合适的类比法对类比对象进行分析。

③ 明确小组成员分工。

在小组讨论的基础上,明确各小组成员的分工职责。组内成员分工要合理、职责要明确,要及时进行沟通、交流,确保各方面的工作不重不漏。

（4）准备好类比法所需的材料与工具。

各小组需自备笔及白纸若干,笔记本电脑等,以方便记录和查阅等。

（5）开展讨论并记录。

明确讨论的目的,控制讨论的时间、节奏、方向。讨论过程中各成员应端正态度,积极思考,各成员之间相互尊重、相互启发,营造一种轻松、和谐、有序的讨论氛围。集思广益,各抒己见。及时记录与梳理,得出创新方案。

（6）评价筛选。

各小组对本组得出的创新成果进行分析、讨论、评价与筛选,最终得到本次集体研讨的最优创新成果。

（7）汇报展示。

推选一位同学通过幻灯片等多种方式对创新成果进行汇报、展示,突出重点、亮点。

实训准备

（1）阅读给出的学习情境,提前收集类比法主题的相关资料。

（2）分析学习情境中专利的结构构造、技术特征、创新点及所涉及的创新方法等。

（3）熟悉类比法的基本概念、原理和类型。

（4）明确类比法的实施步骤。

（5）准备好实训所需的用具、材料及设备等。

实训实施

（1）明确各组组长及成员名单。
（2）选择类比对象及类比法的类型。
（3）对学习情境中布置的任务开展基于类比法的创新。
（4）对创新成果进行梳理、评价与筛选。
（5）得出最优创新成果。
（6）展示并汇报创新成果。

考核与评价

1. 小组自评

小组自评表如表1.22所示。

表1.22　小组自评表

班级：　　　　　姓名：　　　　　学号：　　　　　组别：

子模块5	类比法（一种用于岩土工程勘察钻探的原状土样转运箱）		
评价项目	评价标准	分值	得分
类比法的概念及原理	能明确类比法的概念与原理	10	
类比法的特点	能理解类比法的特点	10	
小组所采用类比法的基本含义	能正确理解小组所采用类比法的基本含义	10	
小组所采用类比法的运用	能熟练运用相应类比法开展学习情境所给任务的创新实践	10	
创新成果筛选	能高效筛选出类比法获得的最优创新成果	10	
创新成果展示	能运用多种方式恰当、合理、准确、全面、多角度地展示出创新成果	10	
实训态度	能做到无故不缺勤、不迟到、不早退，态度端正	10	
实训质量	能按照计划高质量完成实训	10	
团队协作能力	能与团队成员合作交流、协作开展实训	10	
创新意识和能力	能提出不同一般的创新观点或者方法	10	
合计		100	

2. 小组互评

小组互评表如表1.23所示。

表1.23　小组互评表

子模块5		类比法（一种用于岩土工程勘察钻探的原状土样转运箱）								评价组别						
评价项目	分值	评价等级								1	2	3	4	5	6	7
组织合理	10	优	9	良	8	中	7	及格	6	不及格	5					
团队协作	15	优	12	良	10	中	8	及格	6	不及格	5					
实训效率	15	优	12	良	10	中	8	及格	6	不及格	5					

续表

子模块5		类比法(一种用于岩土工程勘察钻探的原状土样转运箱)									评价组别						
评价项目	分值	评价等级									1	2	3	4	5	6	7
实训质量	15	优	12	良	10	中	8	及格	6	不及格	5						
实训规范	15	优	12	良	10	中	8	及格	6	不及格	5						
成果展示	15	优	12	良	10	中	8	及格	6	不及格	5						
创新程度	15	优	12	良	10	中	8	及格	6	不及格	5						
合计	100																

3.教师评价

教师评价表如表1.24所示。

表1.24 教师评价表

子模块5		类比法(一种用于岩土工程勘察钻探的原状土样转运箱)									评价组别						
评价项目	分值	评价等级									1	2	3	4	5	6	7
组织合理	10	优	9	良	8	中	7	及格	6	不及格	5						
团队协作	15	优	12	良	10	中	8	及格	6	不及格	5						
实训效率	15	优	12	良	10	中	8	及格	6	不及格	5						
实训质量	15	优	12	良	10	中	8	及格	6	不及格	5						
实训规范	15	优	12	良	10	中	8	及格	6	不及格	5						
成果展示	15	优	12	良	10	中	8	及格	6	不及格	5						
创新程度	15	优	12	良	10	中	8	及格	6	不及格	5						
合计	100																

4.综合评价

综合评价表如表1.25所示。

表1.25 综合评价表

班级:	姓名:	学号:	组别:
小组自评(15%)	小组互评(25%)	教师评价(60%)	综合评价

思政元素

(1)严谨的治学态度和科学精神。

(2)理论联系实际的意识和能力,正确的世界观、人生观和价值观。

(3)探索未知、追求真理、勇攀高峰的责任感和使命感。

(4)迎难而上、不畏艰苦、吃苦耐劳的精神品质。

(5)敢于承受压力、勇于突破现状、敢于尝试的品格。

教师总结

教师结合课程思政元素对各小组的实训实施过程、汇报过程及创新成果等进行分析、总结和点评，将类比法的相关知识点和内容进行讲解、梳理、强化和总结。

拓展练习

一种膨胀式注浆土钉

摘要

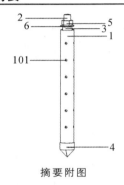

摘要附图

本实用新型公开一种膨胀式注浆土钉，属于建筑领域，其包括空心柱状结构的外套管，外套管的底部设有钉帽，外套管内设有内套管，内套管与外套管之间设有膨胀管，其中内套管上部分外侧设有螺纹，螺纹上通过垫圈设有螺母，通过旋转螺母即可向膨胀管施加压力；外套管和内套管上均设有多个注浆孔，注浆孔通过短管连通，内套管底端设有扩张头；所述膨胀管上部设有圆管，下部间隔设有多条膨胀条。其结构简单、使用方便，能够通过注浆孔注浆，也能通过旋转螺母使膨胀条外伸，从而提高固定性能。

权利要求书

（1）一种膨胀式注浆土钉，其特征在于：包括用于控制外部变形的空心柱状结构的外套管1，外套管1的底部设有钉帽4，外套管1内设有用于控制内部变形的内套管2，内套管2与外套管1之间设有膨胀管3，其中内套管2上部分外侧设有螺纹，螺纹上通过垫圈6设有螺母5，通过旋转螺母5即可向膨胀管3施加压力；所述外套管1表面间隔设有多个注浆孔101，底端间隔设有连接块102；所述内套管2表面间隔设有多个注浆孔201，底端设有喇叭状外扩的扩张头202；所述膨胀管3上部设有圆管302，下部围绕圆管302间隔设有多条膨胀条301，膨胀条301与连接块102的间隙匹配，便于让膨胀条301从连接块102之间的间隙穿过。

（2）根据权利要求（1）所述的膨胀式注浆土钉，其特征在于：所述注浆孔101与注浆孔201尺寸一致，设置的位置一致，外套管1的注浆孔101与内套管2同一位置的注浆孔201之间通过短管7连通，并且由于短管7连通，所述膨胀管3的膨胀条301分别从外套管1与内套管2之间的短管7的空隙8中穿过直至扩张头202。

（3）根据权利要求（1）所述的膨胀式注浆土钉，其特征在于：所述连接块102与扩张头202的外缘焊接在一起。

（4）根据权利要求（1）所述的膨胀式注浆土钉，其特征在于：所述内套管2内部供注水泥浆使用，水泥浆通过连通内、外套管的短管7到达土钉外部进入岩土体，打入前做好膨胀条301与空隙8的对应标记。

(5) 根据权利要求(1)所述的膨胀式注浆土钉,其特征在于:所述钉帽 4 包括与连接块 102 连接的套管 402,套管 402 下部铰接闭合为尖端的活瓣 401,上部套管 402 套在外套管 1 外部。

说明书:一种膨胀式注浆土钉

技术领域

本实用新型涉及一种注浆土钉,尤其涉及一种基坑建设中使用的一种膨胀式注浆土钉。

技术背景

随着基坑开挖的形式越来越多,与之对应的土钉支护的需求也越来越多,传统异形土钉由于形状不可变动,打入岩土体时存在一定的难度。因此研究了一种膨胀式注浆土钉,这种土钉较传统异形土钉更容易打入,且在打入后可改变形状,起到异形土钉的作用。

发明内容

针对现有技术的不足之处,提供一种膨胀式注浆土钉,其结构简单,能够注入水泥浆,同时能通过变形提高固定程度。

为实现上述技术目的,本实用新型包括用于控制外部变形的空心柱状结构的外套管,外套管的底部设有钉帽,外套管内设有用于控制内部变形的内套管,内套管与外套管之间设有膨胀管,其中内套管上部分外侧设有螺纹,螺纹上通过垫圈设有螺母,通过旋转螺母即可向膨胀管施加压力。

所述外套管表面间隔设有多个注浆孔,底端设有连接块。

所述内套管表面间隔设有多个注浆孔,底端设有喇叭状外扩的扩张头。

所述膨胀管上部设有圆管,下部围绕圆管间隔设有多条膨胀条,膨胀条与连接块的间隙匹配,便于让膨胀条从连接块之间的间隙穿过。

进一步改进在于:外套管的注浆孔与内套管同一位置的注浆孔尺寸一致,设置的位置一致,外套管的注浆孔与内套管同一位置的注浆孔之间通过短管连通,并且由于短管连通,所述膨胀管的膨胀条分别从外套管与内套管之间的短管的空隙中穿过直至扩张头。

进一步改进在于:所述连接块与扩张头的外缘焊接在一起。

进一步改进在于:所述内套管内部供注水泥浆使用,水泥浆通过连通内、外套管的短管到达土钉外部进入岩土体。打入前做好膨胀条与空隙的对应标记。

进一步改进在于:所述钉帽包括用以与连接块连接的套管,套管下部铰接闭合为尖端的活瓣,套筒套在外套管外部。

有益效果:顶帽在未撑开的状态下可以防止打入时岩土体进入土钉,影响土钉的正常使用。钉入位置后,通过旋转螺母推动膨胀管,使钉帽的活瓣被撑开,膨胀条在扩张头的作用下弯曲并伸出嵌入土体。短管置于内、外套管之间,同一排短管之间的空间供膨胀条使用,因此注浆与膨胀条外伸互不影响。由于膨胀管上部设有圆管,不能通过短管,膨胀条的外伸长度取决于第一排短管的位置,并应根据需要进行调整。

附图说明

图 1.58 是本实用新型的膨胀式注浆土钉的结构示意图。

图 1.59 是本实用新型的膨胀式注浆土钉扩张后的结构示意图。

图1.60是本实用新型的外套管的结构示意图。

图1.61是本实用新型的内套管的结构示意图。

图1.62是本实用新型的膨胀管的结构示意图。

图1.63是本实用新型的土钉扩张后膨胀条的结构示意图。

图1.64是本实用新型的钉帽的结构示意图。

图1.65是本实用新型的土钉扩张后钉帽的结构示意图。

图1.66是本实用新型的短管的结构示意图。

图1.67是本实用新型的内、外套管焊接后的结构示意图。

图1.68是本实用新型的土钉未安装钉帽的结构示意图。

图中:1—外套管;101—注浆孔;102—连接块;2—内套管;201—注浆孔;202—扩张头;3—膨胀管;301—膨胀条;302—圆管;4—钉帽;401—活瓣;402—套管;5—螺母;6—垫圈;7—短管;8—空隙。

具体实施方式

下面结合附图对本实用新型作进一步详细说明。

如图1.58～图1.61所示,本实用新型的膨胀式注浆土钉包括用于控制外部变形的空心柱状结构的外套管1,外套管1的底部设有钉帽4,外套管1内设有用于控制内部变形的内套管2,内套管2与外套管1之间设有膨胀管3,其中内套管2上部分外侧设有螺纹,螺纹上通过垫圈6设有螺母5,通过旋转螺母5即可向膨胀管3施加压力;如图1.64和图1.65所示,钉帽4包括用以与连接块102连接的套管402,套管402下部铰接闭合为尖端的活瓣401,上部套筒402套在外套管1外部;所述外套管1表面间隔设有多个注浆孔101,底端设有用于让膨胀条301穿过的连接块102;如图1.62所示,所述膨胀管3上部设有圆管302,下部围绕圆管302间隔设有多条膨胀条301,膨胀条301与连接块102的间隙匹配,便于让膨胀条301从连接块102之间的间隙穿过。

如图1.66所示,所述内套管2表面间隔设有多个注浆孔201,底端设有喇叭状外扩的扩张头202;注浆孔101与注浆孔201尺寸一致,设置的位置一致,外套管1的注浆孔101与内套管2同一位置的注浆孔201之间通过短管7连通,并且由于短管7连通,所述膨胀管3的膨胀条301分别从外套管1与内套管2之间的短管7的空隙8中穿过直至扩张头202,其中连接块102与扩张头202的外缘焊接在一起。内套管2内部供注水泥浆使用,水泥浆通过连通内、外套管的短管7到达土钉外部进入岩土体。打入前做好膨胀条301与空隙8的对应标记。

如图1.63和图1.65所示,所述膨胀管3通过螺母5向下旋转,带动垫圈6下移,将其压出。活瓣401能够被外伸的膨胀条301撑开,膨胀条301的外伸长度取决于膨胀管3上部圆管302与第一根短管7之间的距离。

如图1.67和图1.68所示,未安装钉帽的土钉结构在套上钉帽4之后就成为图1.58所示的一种膨胀式注浆土钉结构。螺母5在内套管2的螺纹上旋转,下压垫圈6带动膨胀管3向下移动,因此膨胀条301从连接块102逐渐外伸至活瓣401处,并沿着扩张头202弯曲并继续外伸,将活瓣401撑开之后嵌入岩土体。

说明书附图

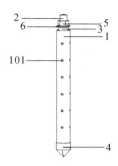

图 1.58 膨胀式注浆土钉的结构示意图

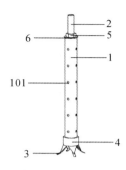

图 1.59 膨胀式注浆土钉扩张后的结构示意图

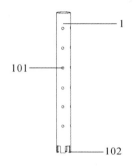

图 1.60 外套管的结构示意图

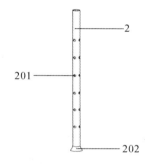

图 1.61 内套管的结构示意图

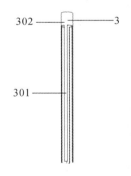

图 1.62 膨胀管的结构示意图

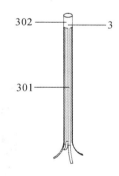

图 1.63 土钉扩张后膨胀条的结构示意图

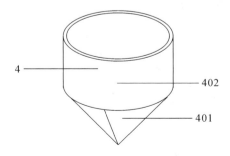

图 1.64 钉帽的结构示意图

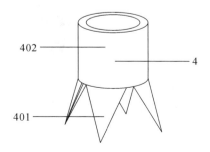

图 1.65 土钉扩张后钉帽的结构示意图

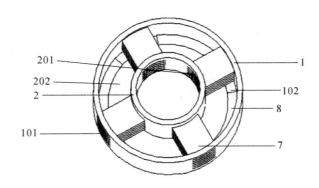

图 1.66　短管的结构示意图

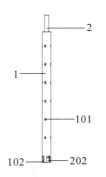 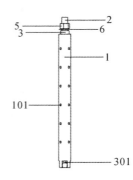

图 1.67　内、外套管焊接后的结构示意图　　图 1.68　土钉未安装钉帽的结构示意图

为了便于准确、清楚地表达该专利的构造、组成及功能作用,建立了该专利的 3D 模型图和实物模型,具体如图 1.69~图 1.71 所示。

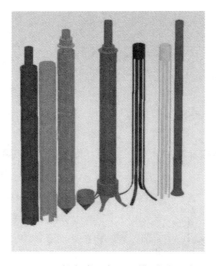

图 1.69　膨胀式土钉 3D 模型总示意图

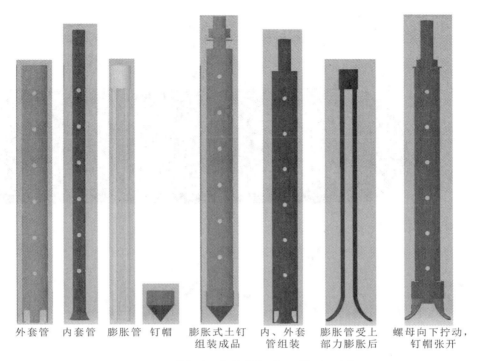

图 1.70　膨胀式土钉结构组成 3D 模型示意图

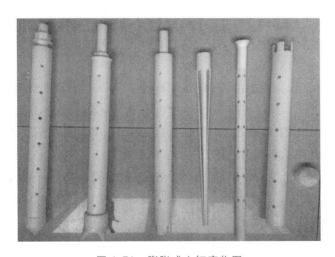

图 1.71　膨胀式土钉实物图

以小组为单位,按照前述流程,运用合适的类比法对上述专利进行分析,得出创新成果。

子模块 6 设问法

创新故事

编席的逆袭之路

日本京都有家生产编席的小厂,由于地毯盛行,编席订货逐年减少,小厂面临着倒闭的危险。工厂经理人员经过反复思考,认为只要设计出一种新颖的编席,订货还是会源源不断的。那么,设计新颖的编席该从何处着手呢?

有一个经理人员提出:不妨用塑料纤维编席子。另一个经理人员提出:把黑席边换成彩色席边。后者比较简单。他们就找来各种彩色布包边,果然十分漂亮,但是感觉还不够新颖。有人就提出,如果把闪闪发亮的金丝编入席边,那一定会更好看。大家对这一方案兴趣极大,于是一种带金丝席边的编席问世了。这种新颖的席子不仅十分畅销,还取得了专利。这种用设问开发新产品的方法是人们经常使用的一种创造技法——设问法。

上述案例以提问的方式寻找创新途径,成功解决了编席的设计问题,充分体现了设问法从多角度提出问题,然后从问题中寻找思路的特点。

学习情境

一种带塔尺底座一体式测点钉

摘要

本实用新型公开了一种带塔尺底座一体式测点钉,包括用于标志测点准确位置的测钉和用于支撑塔尺的塔尺底座;测钉钉帽外周通过多个限位连杆连接轴承,轴承为外圈转动、内圈静止;塔尺底座包括两侧的支撑体和中间的固定板,支撑体与所述轴承外圈两端铰接,固定板上表面设置吸盘,固定板下表面设置气阀,吸盘和气阀二者贯通于固定板中央开设的洞口。本实用新型在设立测钉的同时,塔尺底座也一同被固定在测点,在不使用测点,而使用测钉十字准星时,塔尺底座部分倒卧,不影响仪器对十字准星的照准;当需要将此测点作为立尺点时,抬起底座,塔尺底部放置在塔尺底座的吸盘上,塔尺呈竖直状态,水平旋转塔尺,面向仪器方向进行测量。

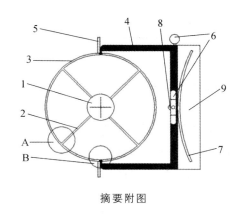

摘要附图

权利要求书

(1)一种带塔尺底座一体式测点钉,其特征在于:包括用于标志测点准确位置的测钉1和用于支撑塔尺的塔尺底座4。

所述测钉1钉帽外周通过多个限位连杆2连接轴承3,所述轴承3为外圈转动、内圈静止。

所述塔尺底座4包括两侧的支撑体和中间的固定板,所述支撑体与所述轴承3外圈两端铰接,所述固定板上表面设置吸盘7,固定板下表面设置气阀8,所述吸盘7和气阀8二者贯通于固定板中央开设的洞口。

(2)根据权利要求(1)所述的一种带塔尺底座一体式测点钉,其特征在于:所述测钉1的四个方向均设置限位连杆2,四根限位连杆2长度相同,所述轴承3底面与测钉1钉帽底面处于同一水平高度,所述测钉1十字准星的位置始终与轴承3的圆心处于同一水平位置。

(3)根据权利要求(1)所述的一种带塔尺底座一体式测点钉,其特征在于:所述轴承3外圈的两端通过固定铰支座与塔尺底座4两侧支撑体连接,连接处毗邻位置设置用于限制塔尺底座转动的限位板5,所述限位板5竖直于水平面。

(4)根据权利要求(1)所述的一种带塔尺底座一体式测点钉,其特征在于:包括用于防止塔尺侧倒旋转的辅助支撑器,所述辅助支撑器包括用于卡住塔尺的卡套10和支撑杆11;所述卡套10后侧与支撑杆11通过固定铰支座连接,卡套10只可上下转动,所述支撑杆11靠地面端的表面套有橡胶防滑套12。

(5)根据权利要求(4)所述的一种带塔尺底座一体式测点钉,其特征在于:所述卡套10内壁为橡胶材质。

(6)根据权利要求(1)所述的一种带塔尺底座一体式测点钉,其特征在于:所述塔尺底座4固定板上表面设置塔尺护圈9,所述塔尺护圈9内壁形状与塔尺契合。

(7)根据权利要求(1)所述的一种带塔尺底座一体式测点钉,其特征在于:所述塔尺底座4固定板的两个相邻边分别安装水准管6。

说明书：一种带塔尺底座一体式测点钉

技术领域

本实用新型涉及一种工程测量工具，尤其涉及一种带塔尺底座一体式测点钉。

技术背景

塔尺为水准尺的一种。早期的水准尺大都采用木材制成，质重且长度有限（一般为 2 m），测量时携带不方便。后逐渐采用铝合金等轻质高强材料制成，采用塔式收缩形式，在使用时方便抽出，单次高程测量范围大大提高，长度一般为 5 m，携带时将其收缩即可，因其形状类似塔状，故称为塔尺。在塔尺测量无特定塔尺底座或支架时，若将塔尺底部放置于测钉上，利用人力扶住塔尺，则会不同程度地出现塔尺倾斜、底部侧滑等情况，导致使用不便。

发明内容

本实用新型目的是提供一种带塔尺底座一体式测点钉，将测钉和塔尺底座二者结合，降低人力成本，有效提高测量精度和效率。

为解决上述技术问题，本实用新型采用以下技术方案：一种带塔尺底座一体式测点钉，包括用于标志测点准确位置的测钉和用于支撑塔尺的塔尺底座；所述测钉钉帽外周通过多个限位连杆连接轴承，所述轴承为外圈转动、内圈静止；所述塔尺底座包括两侧的支撑体和中间的固定板，所述支撑体与所述轴承外圈两端铰接，所述固定板上表面设置吸盘，固定板下表面设置气阀，所述吸盘和气阀二者贯通于固定板中央开设的洞口。

采用上述技术方案的有益效果是：在设立测钉的同时，塔尺底座也一同被固定在测点，在不使用测点，而使用测钉十字准星时，塔尺底座部分倒卧，以不影响仪器对十字准星的照准；当需要将此测点作为立尺点时，将底座抬起，塔尺底部放置在塔尺底座的吸盘上，塔尺呈竖直状态，水平旋转塔尺，面向仪器方向进行测量。

本实用新型进一步的改进在于：所述测钉的四个方向均设置限位连杆，四根限位连杆长度相同，所述轴承底面与测钉钉帽底面处于同一水平高度，所述测钉十字准星的位置始终与轴承的圆心处于同一水平位置。

采用上述技术方案的有益效果是：保证标志测点的准确。

本实用新型进一步的改进在于：所述轴承外圈的两端通过固定铰支座与塔尺底座两侧支撑体连接，连接处毗邻位置设置用于限制塔尺底座转动的限位板，所述限位板竖直于水平面。

采用上述技术方案的有益效果是：将底座抬起使底座倚靠限位板，使得塔尺底座在使用时处于相对竖直状态。

本实用新型进一步的改进在于：包括用于防止塔尺侧倒旋转的辅助支撑器，所述辅助支撑器包括用于卡住塔尺的卡套和支撑杆；所述卡套后侧与支撑杆通过固定铰支座连接，卡套只可上下转动，所述支撑杆靠地面端的表面套有橡胶防滑套。

采用上述技术方案的有益效果是：卡套内壁尺寸略小于塔尺宽度，从而利用卡套的弹性和摩擦力卡住塔尺，连接处合页无锁死装置，通过改变支撑杆与地面的夹角角度来微调塔尺与地面的角度，从而达到好的观测状态。

本实用新型进一步的改进在于:所述卡套内壁为橡胶材质。

采用上述技术方案的有益效果是:增加与塔尺接触时的摩擦力。

本实用新型进一步的改进在于:所述塔尺底座固定板上表面设置塔尺护圈,所述塔尺护圈内壁形状与塔尺契合。

采用上述技术方案的有益效果是:塔尺底部放置在塔尺护圈内,对塔尺起到辅助支撑的作用。

本实用新型进一步的改进在于:所述塔尺底座固定板的两个相邻边分别安装水准管。

采用上述技术方案的有益效果是:调准水准管便于调整塔尺的水平位置。

附图说明

图 1.72 是本实用新型用作测钉时的结构示意图。

图 1.73 是本实用新型用作塔尺底座时的结构示意图。

图 1.74 是本实用新型轴承结构示意图。

图 1.75 是本实用新型辅助支撑器的结构示意图。

图 1.76 是本实用新型用作塔尺底座时的工作示意图。

图中:1—测钉;2—限位连杆;3—轴承;4—塔尺底座;5—限位板;6—水准管;7—吸盘;8—气阀;9—塔尺护圈;10—卡套;11—支撑杆;12—橡胶防滑套;13—塔尺。

具体实施方式

下面结合附图对本实用新型作进一步详细说明。

在本实用新型的描述中,需要说明的是,除非另有明确的规定和限定,术语"安装""相连""连接"应作广义理解。例如,可以是固定连接,也可以是可拆卸连接,或一体连接;可以是机械连接,也可以是电连接;可以直接相连,也可以通过媒介间接相连,还可以是两个元件内部的连通。对于本领域的普通技术人员而言,可以视具体情况理解上述术语在本实用新型中的具体含义。

本实用新型的一种实施例:如图 1.72~图 1.74 所示,一种带塔尺底座一体式测点钉,包括用于标志测点准确位置的测钉 1,和用于支撑塔尺的塔尺底座 4;所述测钉 1 钉帽外周通过多个限位连杆 2 连接轴承 3,所述轴承 3 为外圈转动、内圈静止;所述塔尺底座 4 包括两侧的支撑体和中间的固定板,所述支撑体与所述轴承 3 外圈两端铰接,所述固定板上表面设置吸盘 7,固定板下表面设置气阀 8,所述吸盘 7 和气阀 8 二者贯通于固定板中央开设的洞口。在设立测钉 1 的同时,塔尺底座也一同被固定在测点,在不使用测点,而使用测钉十字准星时,塔尺底座部分倒卧,以不影响仪器对十字准星的照准;如图 1.73 所示,当需要将此测点作为立尺点时,将塔尺底座 4 抬起,塔尺底部放置在塔尺底座的吸盘 7 上,塔尺呈竖直状态,水平旋转塔尺,面向仪器方向进行测量。

在本实用新型的另一些具体实施方式中,其余与上述实施方式相同,不同之处在于,如图 1.72 所示,测钉 1 的四个方向均设置限位连杆 2,四根限位连杆 2 长度相同,所述轴承 3 底面与测钉 1 钉帽底面处于同一水平高度,所述测钉 1 十字准星的位置始终与轴承 3 的圆心处于同一水平位置。

在本实用新型的另一些具体实施方式中,其余与上述实施方式相同,不同之处在于,如

图 1.72 和图 1.74 所示，轴承 3 外圈的两端通过固定铰支座与塔尺底座 4 两侧支撑体连接，连接处毗邻位置设置用于限制塔尺底座转动的限位板 5，所述限位板 5 竖直于水平面，将底座抬起使底座倚靠限位板，使得塔尺底座在使用时处于相对竖直状态。

在本实用新型的另一些具体实施方式中，其余与上述实施方式相同，不同之处在于，如图 1.75 和图 1.76 所示，还包括用于防止塔尺侧倒旋转的辅助支撑器，所述辅助支撑器包括用于卡住塔尺的卡套 10 和支撑杆 11；卡套 10 后侧与支撑杆 11 通过固定铰支座连接，卡套 10 只可上下转动，所述支撑杆 11 靠地面端的表面套有橡胶防滑套 12，卡套 10 内壁尺寸略小于塔尺 13 的宽度，从而利用卡套的弹性和摩擦力卡住塔尺，连接处合页无锁死装置，通过改变支撑杆与地面的夹角角度来微调塔尺与地面的角度，从而达到好的观测状态。

在本实用新型的另一些具体实施方式中，其余与上述实施方式相同，不同之处在于，如图 1.75 所示，卡套 10 内壁为橡胶材质，增加与塔尺接触时的摩擦力。

在本实用新型的另一些具体实施方式中，其余与上述实施方式相同，不同之处在于，如图 1.72 和图 1.73 所示，所述塔尺底座 4 固定板上表面设置塔尺护圈 9，所述塔尺护圈 9 内壁形状与塔尺契合。塔尺 13 底部放置在塔尺护圈内，对塔尺起到辅助支撑的作用。

在本实用新型的另一些具体实施方式中，其余与上述实施方式相同，不同之处在于，如图 1.72 所示，所述塔尺底座 4 固定板的两个相邻边分别安装水准管 6，调准水准管便于调整塔尺的水平位置。

结合上述实施例，在定新测点时使用本实用新型，如图 1.76 所示，钉入测钉 1，测量仪器确立测点的十字准星，扶起塔尺底座 4 使其与地面垂直，拧开气阀 8，将塔尺 13 底部套入塔尺护圈 9，拧紧气阀 8，吸盘 7 吸紧塔尺，水平转动塔尺使其面向仪器方向，辅助支撑器使其支撑于面向仪器塔尺刻度面的背面，根据水准管 6 水平状态调整支撑杆 11 与地面夹角的角度，从而实施工作。移除辅助支撑器，拧开气阀 6，拔出塔尺，拧紧气阀 6，即可恢复测钉 1 状态。在首次选定测点，钉立测钉时，使用本实用新型即可在本测点利用期内永久进行测钉和塔尺底座的自由转换。

在本实用新型的描述中，还需要说明的是，吸盘 7 和气阀 8 的作用在于约束塔尺上下方向受力，从而配合塔尺护圈 9 水平方向的约束，以达到更好的稳定效果。对于塔尺底座需要竖直后使用的设计，假设从本实用新型（图 1.72 和图 1.73）中所述吸盘本体的上表面竖直向下至测钉本体的上表面，距离为 3 cm，那么在测量中读数记录为实际观测值＋30，这段距离在设计生产时应当优先选用"整数"设计，并在表面标明恒定高度差，便于使用人员记录。对于本领域的普通技术人员而言，可以根据具体情况理解上述术语在本实用新型中的具体含义。

当然上述实施例只为说明本实用新型的技术构思及特点，其目的在于让熟悉此项技术的人能够了解本实用新型的内容并据以实施，并不能以此限制本实用新型的保护范围。凡根据本实用新型主要技术方案的精神实质所作的等效变换或修饰，都应涵盖在本实用新型的保护范围之内。

说明书附图

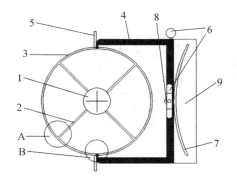 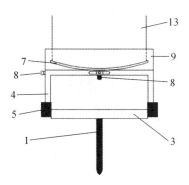

图 1.72　本实用新型用作测钉时的结构示意图　　图 1.73　本实用新型用作塔尺底座时的结构示意图

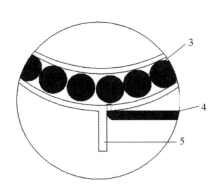 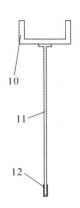

图 1.74　本实用新型轴承结构示意图　　图 1.75　本实用新型辅助支撑器的结构示意图

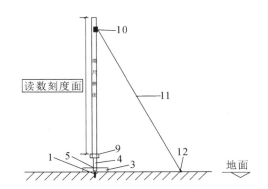

图 1.76　本实用新型用作塔尺底座时的工作示意图

为了便于准确、清楚地表达该专利的构造、组成及功能作用，建立了该专利的 3D 模型图，具体如图 1.77 和图 1.78 所示。

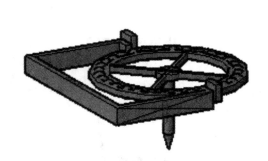

图 1.77　带塔尺底座一体式测点钉 3D 整体图　　图 1.78　塔尺底座 3D 图

上述专利仍有待改进和完善的地方,请各小组运用设问法对上述专利进行改进,得出有意义的创新成果。

学习目标

(1) 熟悉设问法的基本概念及原理。
(2) 明确设问法的主要类型和主要内容。
(3) 会运用检核表法、5W2H 法、和田 12 动词法质疑提问。
(4) 明确设问法的实施步骤。
(5) 会运用检核表法、5W2H 法、和田 12 动词法等开展创新实践,解决现实问题。

任务分组

任务分组表如表 1.26 所示。

表 1.26　任务分组表

班级		组号		指导老师		备注
组长		分工职责				
组员 1		分工职责				
组员 2		分工职责				
组员 3		分工职责				
组员 4		分工职责				
组员 5		分工职责				
…		分工职责				

> 相关知识点

一、设问法的基本概念及原理

1.什么是设问法

设问法是根据需要选择发明课题,或针对创造发明的对象设计构思,采取系统的设问方式,列出有关问题和试探解决的方法,逐个核对、讨论,进行分析研究,通过多角度提出问题,从问题中寻找思路,进而作出选择,并深入开发创造性设想的一类创造技法,可以通俗理解为:围绕老产品提出各种问题,通过提问,发现老产品存在的问题或者不能满足消费者要求的地方,从而找到需要革新的方面,开发出新的产品。

2.设问法的原理

设问法的原理实际上就是提供一张提问的单子,提问涉及的范围相当全面,提问中使用"假如""如果""是否""还有"这样的一些词语,能够启发思维、促使想象,使人很快进入假想,通过各种假设式的变换寻找解决问题的途径。

二、怎样运用设问法

1.设问法的主要类型及内容

(1)检核表法。

检核表法是指美国创造学家 A.F.奥斯本率先提出的一种创造技法。它几乎适用于任何类型和场合的创造活动,因此被称为"创造技法之母"。这种技法的特点是根据需要解决的问题,或需要创造发明的对象,列出有关的问题,然后一个个核对、讨论,以期引发出新的创造性设想。

列表检核是检核表法的主要内容。奥斯本设计的检核表罗列了以下九个方面的问题。

① 能否改变——现有事物(产品等)的形状、色彩、声音、气味、味道等能否加以改变?从人的眼、耳、鼻、舌、身五种感官入手,探索新的途径。例如,小号上的消音器。

② 能否转移——现有事物的原理、方法、功能能否转移或移植到别的领域中去?例如,电吹风。

③ 能否引入——现有事物中能否引入其他新的设想?例如,防风火柴、长效火柴等。

④ 能否改造——现有事物能否稍加改造以提高其使用价值?使用价值的提高包括增加功能、延长寿命、降低成本等。例如,自行车的链罩。

⑤ 能否缩小——现有事物能否缩小体积、减轻重量,或分割为若干部分?例如,铁路线上的铁轨横切面的"工"字形。

⑥ 能否替代——现有事物能否用其他材料作代用品?例如,用纸代替木料做铅笔。

⑦ 能否更换——现有事物的程序能否更改、变化?

⑧ 能否颠倒——现有事物的原理、功能、工艺能否颠倒过来?例如,电动机的发明。

⑨ 能否组合——现有的若干种事物或事物的若干部分能否组合起来,使之成为功能更强的新成果?例如,坦克。

(2)5W2H法。

5W2H法又称七问分析法,为二战中美国陆军兵器修理部首创。发明者用五个以W开头的英语单词(What、Why、Who、When、Where)和两个以H开头的英语单词(How、How much)进行设问,发现解决问题的线索,寻找发明思路,进行构思简单、方便、易于理解、使用,富有启发意义的设计。该方法广泛用于企业管理和技术活动,对决策和执行性的活动措施非常有帮助,也有助于弥补考虑问题的疏漏。

① 为什么——为什么做这项工作?为什么是这个形状、大小、颜色?
② 什么——任务是什么?目的是什么?
③ 何人——谁会做?谁来做?
④ 何时——何时开始?何时完成?
⑤ 何处——何处可做?在何处做?
⑥ 怎样——怎样去做?怎样做效果好?
⑦ 多少——需要多少人力、物力、财力?成本多少?

(3)和田12动词法。

和田12动词法又称和田创新法或和田创新十二法,即指人们在观察、认识一个事物时,考虑是否可以采用十二类创新技法。和田12动词法是我国学者许立言、张福奎在奥斯本检核表法的基础上,借用其基本原理,加以创造而提出的一种思维技法。它既是对奥斯本检核表法的一种继承,又是一种大胆的创新。例如,其中的"联一联""定一定"等就是一种新发展。同时,这些技法更通俗易懂、简便易行、便于推广。

① 加一加:现有事物能否增加什么(如加大、加高、加厚等)?能否把这一事物与别的事物叠加在一起?例如,橡皮和铅笔加在一起组合成带橡皮头的铅笔,收音机和录音机叠加就形成了收录机。

② 减一减:现有事物能否减去些什么(如尺寸、厚度、重量等)?能否省略或取消什么?根据这一思路,简化体汉字就是繁体汉字减一减的产物。

③ 扩一扩:现有事物能否放大或扩展?幻灯机、电影、投影电视等就是扩一扩的成果。

④ 缩一缩:现有事物能不能缩小或压缩?袖珍词典、压缩饼干等就是缩一缩的成果。

⑤ 变一变:现有事物能不能改变其固有属性(如形状、颜色、声音、味道或次序)?彩色电影、电视就是黑白电影、电视变一变的产物。食品、文具等方面的很多系列产品也是根据变一变的思路开发出来的。

⑥ 改一改:现有事物是否存在不足之处,需要改进?这里的改进是对原有事物的不足之处而言的,因此可以结合缺点列举考虑。和田路小学的一个学生曾根据这一思路发明了多用触电插头,并在国际青少年发明竞赛中获奖。

⑦ 联一联:现有事物和其他事物之间是否存在联系?能否利用这种联系进行发明创造?干湿球温度表就是根据空气温度和湿度之间的联系开发出来的新产品。

⑧ 学一学:能否学习、模仿现有的事物,进行新的发明创造?据传,鲁班从茅草的锯齿形叶片把手掌拉破得到启发,模仿草叶边缘的形态发明了新的工具——锯。这就是学一学的典型事例。

⑨ 代一代:现有事物或其一部分能否用其他事物替代?替代的结果必须保证不改变事物的原有功能。这一思路在材料工业领域有广泛的应用价值,许多合金、工业塑料、新型陶瓷材料等都是这一思路的成果。

⑩ 搬一搬:现有事物能否搬到别的条件下去应用?或者能否把现有事物的原理、技术、方法等搬到别的场合去应用?把用嘴吹气会发声的哨子搬到水壶口上,就产生了能自动报告水烧开了的新水壶;搬到鸽子身上便转换为鸽哨,不仅能指示鸽子的行踪,而且能提供悠

扬的乐声。

⑪ 反一反：现有事物的原理、方法、结构、用途等能否颠倒过来？这是一种利用逆向思维的思路。吸尘器的发明就是成功的案例。起初是想发明一种利用气流吹尘的清洁工具，试用时发现导致尘土飞扬，效果很差，结果反其道而行之，就发明了吸尘器。

⑫ 定一定：对现有事物的数量或程度变化是否能做一些规定？这是一种定量化的思路。定量化是人们对客观事物的认识逐渐精确化的标志，为创造发明提供了有效的途径。典型成果有尺、秤、天平、温度计、噪声显示器等。

2. 设问法实施步骤

(1) 明确小组分组。

① 选择合适的小组人数。

根据自愿和优势互补的原则，各小组成员进行自由组合，小组人数最佳为 5 或 6 人，可以根据实际情况进行调整。

② 确定小组组长。

组长必须透彻地了解设问法的各种类型及其内涵，熟练掌握设问法实施的主要步骤，必须具有良好的沟通能力、协调能力、责任心、文化修养和一定的组织能力，能够处理创新活动中发生的各种情况，思维敏捷，能够营造良好的创新氛围，能积极引导小组开展创新活动。

(2) 明确设问法的类型。

由于设问法的类型较多，各小组根据学习情境的任务，结合自身情况进行小组讨论，确定适合本小组设问法的类型，开展创新活动。

(3) 确定人员分工。

以检核表法为例，提出 9 个问题：能否改变——现有事物（产品等）的形状、色彩、声音、气味、味道等能否加以改变？能否转移——现有事物的原理、方法、功能能否转移或移植到别的领域中去？能否引入——现有事物中能否引入其他新的设想？能否改造——现有事物能否稍加改造以提高其使用价值？能否缩小——现有事物能否缩小体积、减轻重量，或分割为若干部分？能否替代——现有事物能否用其他材料作代用品制造？能否更换——现有事物的程序能否更改、变化？能否颠倒——现有事物的原理、功能、工艺能否颠倒？能否组合——现有的若干事物或事物的若干部分能否组合起来，使之成为功能更强的新成果？在征求组员意见的基础上，组长将这 9 个"能否"合理地分配给组员，如组员 A 负责"能否转移"的设想，组员 B 负责"能否引入"的设想，以此类推。

当出现小组人数与设想因素数量不对等的情况时，在征求组员意见的基础上可灵活进行分工，如小组人数为 6 人，组员 A 负责 2 个设想因素，组员 B 负责 2 个设想因素，组长负责 2 个设想因素，其余 3 人各负责一个设想因素，当负责一个设想因素的组员完成设想后，可协助负责 2 个设想因素的组员。这一过程可充分体现组员之间的团结协作及团队意识。

5W2H 法与和田 12 动词法的具体分工步骤与上述步骤一致，只需将检核表法的内容换成 5W2H 法与和田 12 动词法相对应的内容即可。

(4) 准备好开展设问法创新活动所需的材料、工具及设备。

各小组需自备笔及白纸若干，方便记录和构思。每个小组可以携带一台笔记本电脑，以方便查阅资料。

(5) 开展设问法创新。

小组成员根据分工职责各抒己见，提出自己的创新设想，并将其记录下来。

(6)创新成果评价筛选。

待小组人员全部完成设想后,组长将设想记录分类、整理,并与小组成员开展讨论,从诸多设想中去掉可行性不高的设想,确定合理合情的设想。

(7)成果展示。

各小组对筛选出的最优创新成果进行总结,选派一位成员通过多媒体等方式进行展示,以突出重点、明确特色、展现亮点。

实训准备

(1)阅读给出的学习情境,提前收集设问法主题相关的资料。
(2)深入分析学习情境中所涉及专利的结构、构造、作用、创新之处及所运用的创新方法等。
(3)熟悉设问法的基本概念、原理和类型。
(4)明确设问法的实施步骤。
(5)准备好实训所需的工具、材料及设备等。
(6)做好实训前的心理建设。

实训实施

(1)确定各小组成员及组长人选。
(2)明确各小组选用设问法的类型。
(3)提出合理的人员分工和职责。
(4)对布置的专利改进任务进行类比法创新。
(5)自由畅谈,提出设想,开展记录。
(6)对创新结果进行评价和筛选,得出最优成果。
(7)展示创新成果。

考核与评价

1. 小组自评

小组自评表如表 1.27 所示。

表 1.27　小组自评表

班级:	姓名:	学号:	组别:	
子模块 6	设问法(一种带塔尺底座一体式测点钉)			
评价项目	评价标准	分值	得分	
设问法的概念和原理	能明确设问法的概念和原理	10		
设问法中检核表法/5W2H 法/和田 12 动词法的概念和内容	能正确理解设问法中检核表法/5W2H 法/和田 12 动词法的概念和内容	10		

续表

评价项目	评价标准	分值	得分
设问法中检核表法/5W2H法/和田12动词法的运用	能正确且熟练地运用设问法中检核表法/5W2H法/和田12动词法	10	
设问法的实施步骤	能熟练掌握设问法的实施步骤	10	
创新成果优选	能正确、高效筛选出小组最优的创新成果	10	
创新成果展示	能运用多种方式恰当、合理、准确、全面、多角度地展示出创新成果	10	
实训态度	能做到无故不缺勤、不迟到、不早退,态度端正	10	
实训质量	能按照计划高质量地完成实训	10	
团队协作能力	能与团队成员间合作交流、协作开展实训	10	
创新意识和能力	能提出不同一般的创新观点或者方法	10	
合计		100	

2. 小组互评

小组互评表如表1.28所示。

表1.28 小组互评表

子模块6		设问法(一种带塔尺底座一体式测点钉)								评价组别						
评价项目	分值	评价等级								1	2	3	4	5	6	7
组织合理	10	优	9	良	8	中	7	及格	6	不及格	5					
团队协作	15	优	12	良	10	中	8	及格	6	不及格	5					
实训效率	15	优	12	良	10	中	8	及格	6	不及格	5					
实训质量	15	优	12	良	10	中	8	及格	6	不及格	5					
实训规范	15	优	12	良	10	中	8	及格	6	不及格	5					
成果展示	15	优	12	良	10	中	8	及格	6	不及格	5					
创新程度	15	优	12	良	10	中	8	及格	6	不及格	5					
合计	100															

3. 教师评价

教师评价表如表1.29所示。

表1.29 教师评价表

子模块6		设问法(一种带塔尺底座一体式测点钉)								评价组别						
评价项目	分值	评价等级								1	2	3	4	5	6	7
组织合理	10	优	9	良	8	中	7	及格	6	不及格	5					
团队协作	15	优	12	良	10	中	8	及格	6	不及格	5					
实训效率	15	优	12	良	10	中	8	及格	6	不及格	5					
实训质量	15	优	12	良	10	中	8	及格	6	不及格	5					

续表

子模块6		设问法（一种带塔尺底座一体式测点钉）								评价组别						
评价项目	分值	评价等级								1	2	3	4	5	6	7
实训规范	15	优	12	良	10	中	8	及格	6	不及格	5					
成果展示	15	优	12	良	10	中	8	及格	6	不及格	5					
创新程度	15	优	12	良	10	中	8	及格	6	不及格	5					
合计	100															

4.综合评价

综合评价表如表1.30所示。

表1.30 综合评价表

班级：		姓名：		学号：		组别：	
小组自评(15%)		小组互评(25%)		教师评价(60%)		综合评价	

> **思政元素**

（1）开拓创新的精神。
（2）推陈出新的学习和工作态度。
（3）科技报国的家国情怀和使命担当。
（4）质量意识、规范意识和安全意识。
（5）职业自豪感。

> **教师总结**

教师结合课程思政元素对各小组的实训实施过程、汇报过程及创新成果等进行分析、总结和点评，将设问法的相关知识点和内容进行讲解、梳理、强化和总结。

> **拓展练习**

一种多功能测量工具盒

摘要

本实用新型公开了一种多功能测量工具盒，包括用于放置测量工具的盒体、盖子和记录板；所述盖子通过铰链铰接在盒体上，所述记录板设置于盖子内壁，记录板上部有纸夹；所述盖子边沿与盒体上边沿设有能够相互吸附的磁条；所述盒体包括外壁和内壁，以及位于外壁和内壁之间的缓冲保护层。本实用新型空间占据小，功能多，可以携带多种测量工具以及其他辅助工具，集中收纳，兼具记录板的功能，可以在测量的同时记录下数据，实用性强；工具盒内设置缓冲保护层,这样可以防止工具盒在路途中由于振动或者跌落对工具造成损坏;利用磁性吸附盖子,操作方便,在测量工作中可以更快、更有效地工作。

权利要求书

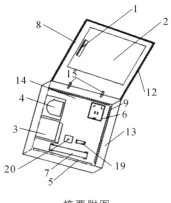

摘要附图

(1)一种多功能测量工具盒,其特征在于:包括用于放置测量工具的盒体 14、盖子 8 和记录板 2;所述盖子 8 通过铰链 15 铰接在盒体 14 上,所述记录板 2 设置于盖子 8 内壁,记录板 2 上部有纸夹 1;所述盖子边沿与盒体上边沿 13 设有能够相互吸附的磁条 12;所述盒体 14 包括外壁 16 和内壁 17,以及位于外壁 16 和内壁 17 之间的缓冲保护层。

(2)根据权利要求(1)所述的一种多功能测量工具盒,其特征在于:所述盒体 14 内设有钉子盒 3、卷尺槽 4、铅笔槽 5、微型锤槽 6 和直尺槽 7;所述钉子盒 3 和所述卷尺槽 4 并排布置于盒体 14 内上部,所述铅笔槽 5 和所述直尺槽 7 布置于盒体侧部,所述微型锤槽 6 布置于盒体内下部;所述钉子盒 3 上有盒盖,所述卷尺槽 4、铅笔槽 5、微型锤槽 6 和直尺槽 7 的形状均与各自放置的工具形状适配。

(3)根据权利要求(1)所述的一种多功能测量工具盒,其特征在于:所述外壁 16 和内壁 17 由塑料构成,所述缓冲保护层 18 内填充海绵。

(4)根据权利要求(1)所述的一种多功能测量工具盒,其特征在于:所述记录板 2 与盖子 8 一体成型,所述纸夹 1 通过螺栓固定在记录板 2 上。

(5)根据权利要求(1)所述的一种多功能测量工具盒,其特征在于:所述盒体 14 与盖子 8 上设置卡扣 10,通过卡扣 10 锁死或打开盖子 8。

(6)根据权利要求(1)所述的一种多功能测量工具盒,其特征在于:所述盒体 14 上设有表格收纳槽 11,所述表格收纳槽 11 为盒体 14 底部的夹层,并在一侧设有开口。

(7)根据权利要求(1)或(2)所述的一种多功能测量工具盒,其特征在于:所述盒体 14 内壁设置一圈 LED 灯 9、盒体 14 内有 LED 电池盒 19,LED 灯开关 20 通过线路连接 LED 灯 9,线路布置于盒体 14 内部。

说明书:一种多功能测量工具盒

技术领域

本实用新型涉及测量工具技术领域,尤其涉及一种多功能测量工具盒。

技术背景

工程测量是对某地的地形进行控制,用数据描述观察到的现象,即对事物作出量化描述。测量是对非量化事物进行量化的过程。在测量过程中需要对测量得到的数据进行记录,以便对这些数据进行分析、计算,完成测量。

目前市面上的测量工具功能比较单一,测量不同的物体,需要携带不同种类的测量工具,如果在测量时不断更换测量工具,则会造成携带者体力负荷较大,或者由于不断更换测量工具导致工作效率缓慢。另外,携带多种测量工具很不方便,特别是在野外作业时,往往需要携带大量的测量工具,如果测量工具不能够集中收纳,则会增加作业负担,增加人员劳动强度,不能满足人们的要求。

发明内容

本实用新型的目的:提供一种多功能测量工具盒,可以携带多种测量工具,并兼具记录测量数据和保护测量工具的作用。

为解决上述技术问题,本实用新型采用以下技术方案:一种多功能测量工具盒,包括用于放置测量工具的盒体、盖子和记录板;所述盖子通过铰链铰接在盒体上,所述记录板设置于盖子内壁,记录板上部有纸夹;所述盖子边沿与盒体上边沿设有能够相互吸附的磁条;所述盒体包括外壁和内壁,以及位于外壁和内壁之间的缓冲保护层。

采用上述技术方案的有益效果:①空间占据小,功能多,可以携带多种测量工具以及其他辅助工具,集中收纳,提升工作效率,减少作业负担;②兼具记录板的功能,可以在测量的同时记录下数据,在测量工作中能尽最大可能避免问题的发生,实用性强;③工具盒内设置缓冲保护层,这样可以防止工具盒在路途中由于振动或者跌落对工具造成损坏;④利用磁性吸附盖子,操作方便,在测量工作中可以更快、更有效地工作。

本实用新型进一步的改进在于:所述盒体内设有钉子盒、卷尺槽、铅笔槽、微型锤槽和直尺槽;所述钉子盒和所述卷尺槽并排布置于盒体内上部,所述铅笔槽和所述直尺槽布置于盒体侧部,所述微型锤槽布置于盒体内下部;所述钉子盒上有盒盖,所述卷尺槽、铅笔槽、微型锤槽和直尺槽的形状均与各自放置的工具形状适配。

采用上述技术方案的有益效果是:工具多样化,使用方便,通过形状与工具适配的槽放置工具,可以有效地限制工具的位置,集中收纳各类工具。

本实用新型进一步的改进在于:所述外壁和内壁由塑料构成,所述缓冲保护层内填充海绵。

采用上述技术方案的有益效果是:海绵能够起到良好的防振缓冲作用,保护盒体内的工具。

本实用新型进一步的改进在于:所述记录板与盖子一体成型,所述纸夹通过螺栓固定在记录板上。

本实用新型进一步的改进在于:所述盒体与盖子上设置卡扣,通过卡扣锁死或打开盖子。

采用上述技术方案的有益效果是:防止盒体因磁力不够而打开,通过卡扣能够锁死盖子。

本实用新型进一步的改进在于:所述盒体上设有表格收纳槽,所述表格收纳槽为盒体底部的夹层,并在一侧设有开口。

采用上述技术方案的有益效果是:可以放置一些测量所需要的表格与画地形图的纸张,尽可能地避免在野外测量时因为记录表不够而无法继续测量。

本实用新型进一步的改进在于:所述盒体内壁设置一圈LED灯,盒体内有LED电池盒,LED灯开关通过线路连接LED灯,线路布置于盒体内部。

采用上述技术方案的有益效果是:用电池给LED灯提供电源,这样可以更方便地在夜晚使用。

附图说明

图1.79是本实用新型的结构示意图。

图1.80是本实用新型的盒体内部缓冲保护层示意图。

图 1.81 是本实用新型的表格收纳槽示意图。

图中:1—纸夹;2—记录板;3—钉子盒;4—卷尺槽;5—铅笔槽;6—微型锤槽;7—直尺槽;8—盖子;9—LED 灯;10—卡扣;11—表格收纳槽;12—磁铁;13—上边沿;14—盒体;15—铰链;16—外壁;17—内壁;18—缓冲保护层;19—LED 电池盒;20—LED 灯开关。

具体实施方式

下面结合附图对本实用新型作进一步详细说明。

在本实用新型的描述中,需要说明的是,除非另有明确的规定和限定外,术语"安装""相连""连接"应作广义理解,例如,可以是固定连接,也可以是可拆卸连接,或一体连接;可以是机械连接,也可以是电连接;可以直接相连,也可以通过媒介间接相连,还可以是两个元件内部的连通。对于本领域的普通技术人员而言,可以视具体情况理解上述术语在本实用新型中的具体含义。

本实用新型的一种实施例:如图 1.79 和图 1.80 所示,一种多功能测量工具盒,包括用于放置测量工具的盒体 14、盖子 8 和记录板 2;所述盖子 8 通过铰链 15 铰接在盒体 14 上,所述记录板 2 设置于盖子 8 内壁,记录板 2 上部有纸夹 1;所述盖子边沿与盒体上边沿 13 设有能够相互吸附的磁条 12;所述盒体 14 包括外壁 16 和内壁 17,以及位于外壁 16 和内壁 17 之间的缓冲保护层。该实施例空间占据小,功能多,可以携带多种测量工具以及其他辅助工具,集中收纳,提升工作效率,减少作业负担;兼具记录板的功能,可以在测量的同时记录数据,在测量工作中能尽最大可能地避免问题的发生,实用性强。工具盒内设置缓冲保护层,这样可以防止工具盒在路途中由于振动或者跌落对工具造成损坏;利用磁性吸附盖子,操作方便,在测量工作中可以更快、更有效地工作。

在本实用新型的另一些具体实施方式中,其余与上述实施方式相同,不同之处在于,如图 1.79 所示,所述盒体 14 内设有钉子盒 3、卷尺槽 4、铅笔槽 5、微型锤槽 6 和直尺槽 7;所述钉子盒 3 和所述卷尺槽 4 并排布置于盒体 14 内上部,所述铅笔槽 5 和所述直尺槽 7 布置于盒体侧部,所述微型锤槽 6 布置于盒体内下部;所述钉子盒 3 上有盒盖,所述卷尺槽 4、铅笔槽 5、微型锤槽 6 和直尺槽 7 的形状均与各自放置的工具形状适配。该实施例中工具多样,使用方便,通过形状与工具适配的槽放置工具,可以有效地限制工具的位置,集中收纳各类工具。

在本实用新型的另一些具体实施方式中,其余与上述实施方式相同,不同之处在于,如图 1.80 所示,所述外壁 16 和内壁 17 由塑料构成,所述缓冲保护层 18 内填充海绵。该实施例中海绵能够起到良好的防振缓冲作用,保护盒体内的工具。

在本实用新型的另一些具体实施方式中,其余与上述实施方式相同,不同之处在于,如图 1.80 所示,所述记录板 2 与盖子 8 一体成型,所述纸夹 1 通过螺栓固定在记录板 2 上。

在本实用新型的另一些具体实施方式中,其余与上述实施方式相同,不同之处在于,如图 1.81 所示,所述盒体 14 与盖子 8 上设置卡扣 10,通过卡扣 10 锁死或打开盖子 8,防止盒体因磁力不够而打开,通过卡扣能够锁死盖子。

在本实用新型的另一些具体实施方式中,其余与上述实施方式相同,不同之处在于,如图 1.81 所示,所述盒体 14 上设有表格收纳槽 11,所述表格收纳槽 11 为盒体 14 底部的夹层,并在一侧设有开口。可以放置一些测量所需要的表格与画地形图的纸张,尽可能避免在野外测量时因为记录表不够而无法继续测量。

在本实用新型的另一些具体实施方式中,其余与上述实施方式相同,不同之处在于,如

图 1.79 所示,所述盒体 14 内壁设置一圈 LED 灯 9,盒体 14 内有 LED 电池盒 19,LED 灯开关 20 通过线路连接 LED 灯 9,线路布置于盒体 14 内部。该实施例用电池给 LED 灯提供电源,这样可以更方便地在夜晚使用。

当然上述实施例只为说明本实用新型的技术构思及特点,其目的在于让熟悉此项技术的人能够了解本实用新型的内容并据以实施,并不能以此限制本实用新型的保护范围。凡根据本实用新型主要技术方案的精神实质所作的等效变换或修饰,都应涵盖在本实用新型的保护范围之内。

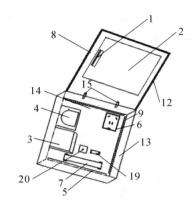

图 1.79　本实用新型的结构示意图

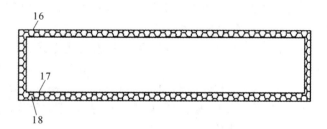

图 1.80　本实用新型的盒体内部缓冲保护层示意图

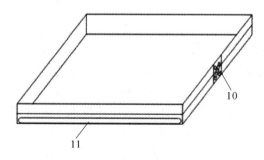

图 1.81　本实用新型的表格收纳槽示意图

说明书附图

为了便于准确、清楚地表达该专利的构造、组成及功能作用,建立了该专利相关的 3D 模型图,具体如图 1.82 和图 1.83 所示。

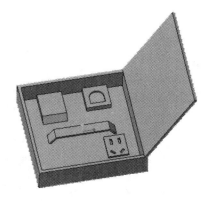 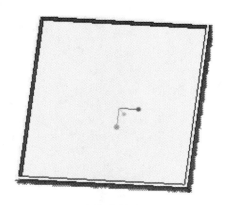

图 1.82　多功能测量工具盒 3D 示意图　　图 1.83　表格收纳盒 3D 示意图

分析上述专利,以小组为单位,按照前述流程,运用特定的设问法开展创新改进,进而获得创新成果。

模块 2 创业实践
CHUANGYE SHIJIAN

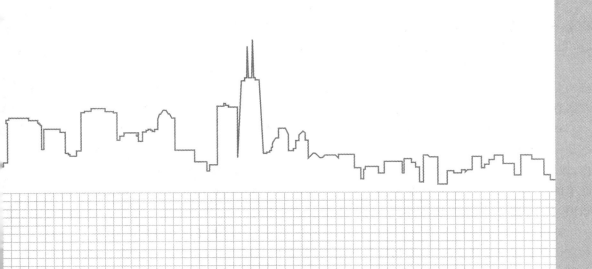

创业故事

共享单车 ofo 的创业之路

　　ofo 创立之时，戴威还在青海支教，2014 年 2 月 15 日，爱好骑行的戴威在宿舍里完成了 ofo 域名的注册，他说："ofo 看着很像一辆自行车，我想让全世界都知道，ofo 是与自行车有关的。"

　　2014 年 8 月，戴威与其团队正式掀开人生中创业的篇章，彼时的他们并不知道两年后的 ofo 会成为行业里的领车者，吸引众多资本竞相追逐。

　　创业的初衷很简单，用戴威自己的话来说："我们做的是骑行旅游，因为我们自己特别爱骑车，骑了很多长途线路，希望能够让更多的朋友感受到骑行的乐趣。"

　　这个骑行爱好者进一步补充道："或许你觉得每天骑 100 千米是一个不可能完成的任务，但只要你不断坚持，有节奏地去做，是可以实现的。"

　　当戴威带着满腔热血冲进创业的大潮中时，他发现，创业远没有那么简单，"我们用了八个月的时间，一直在努力摸索，但其实发展得非常困难"。2015 年春天，资本市场仍一片红火，ofo 共融到了千万元，这对一个初创团队来说，已经不是一笔小数目，然而，他们低估了市场对于资金的吞噬速度。

　　当手里只有一百万元时，他们就火速进入了"烧钱"的状态——虽然仅仅只是给每个用户送一瓶脉动，但资金压力已然不小。幸好资金上的投入换回了用户量的增长，"三四月份时，我们每天都有几千用户的增长，但是资金的消耗也非常快"。

　　一边"烧钱"，戴威团队一边马不停蹄地寻求下一轮融资。然而，在跑了将近四十个投资机构后，没有一家机构愿意投资他们。"到 2015 年 4 月底的时候，账上彻底没钱了，大概还剩四百块吧，确实是发展不下去了"。

　　资金压力导致业务难以为继的情况下，ofo 的初创团队也从最初的狂热变得冷静下来。不是没有动摇过，还在读研究生的戴威团队想到了放弃，打算毕业后规规矩矩地找一份工作，或者换一个创业方向试试，"但我们觉得，还是要坚持自己热爱的东西"。虽然只是一句简单的话，但却是这个初创团队坚持下去的最大动力。当时，戴威一边反思，一边补习创业知识，其中《创业 36 条军规》中的一句话"要挖掘到真正的需求"触动了他。

　　戴威开始质疑骑行旅游是否是一个伪需求，或者说这个需求还没到爆发的时候。"人们对自行车的需求是代步出行，而出行显然是刚需，我们当时就想，能否在一更加刚需的方向上做一些尝试和探索"。

　　2015 年 5 月，ofo 正式提出了共享单车的想法，9 月 7 日，该业务正式在北大上线。或许是借着共享经济的东风，又或许 ofo 确实找到了刚需所在，ofo 开始频繁出现在大众的视线里，并且成功拿下了一笔又一笔令业内震惊的融资。

　　2016 年 9 月 26 日，一则"ofo 获 C1 轮融资数千万美元，滴滴领投"的消息刷爆了各大门户网站，除了资金和业务的加持，滴滴的高知名度也给 ofo 带来了更多的曝光量。

　　除了滴滴之外，细数 ofo 背后的投资人，多个知名 VC（风险投资）也赫然在列，唯猎资本、东方弘道、金沙江创投、真格基金、天使投资人王刚、经纬中国，包括最新一轮的融资中还出现了小米的名单。

密集的融资节奏和不菲的融资金额在这样一个资本寒冬中显得尤为瞩目。

小罗的"发明"创业之路

大学毕业生小罗家庭接连遭遇不幸,父亲和弟弟患上重病,家庭负担的重压加上他对创业的浓厚兴趣让他产生强烈的创业意愿,他苦苦思索着创业的方向,寻找创业的目标。他多么希望,某一次灵感和机遇能为他带来商机。

为了生存,小罗选择了在超市商场做营业员,等待时机成熟。他在小家电产品柜负责促销导购工作,时间一长,他渐渐喜欢上了这份工作。因为对电器产品感兴趣,在为顾客介绍产品时,他总是显得很专业,讲解很有耐心,这样一来,他的销售额直线上升。更重要的是,他在这里获得了创造的乐趣。每当有新产品时,他都要对它们的功能进行研究,从产品的功能和构造,到产品的技术和成本,他都会弄个一清二楚。除此之外,他还会在现有产品的基础上发现它们功能的不足,然后再根据自己的创意在脑中将它们完善。两年的时间过去了,小罗在商场养成了一个习惯:看见一件东西就想去改进它。

2001年6月的一天,一件小事的发生让小罗的命运再一次有了改变。

这天下午临近下班时,有一位顾客来购买清新空气、杀菌的机器。小罗向她推荐当时正热销的臭氧消毒机。可是,顾客却还想要过滤空气、清除颗粒灰尘的功能。小罗向她推荐了单独的空气净化机,可是她嫌多买一个机器回家占地方,并且价格也贵。最后顾客什么也没有买,遗憾而去。

顾客走了,小罗却动起了脑子。商场的一些空气净化器和空气消毒机都只是单一性的产品,没有综合功能。如果将多种功能集中在一起,这样既能避免顾客买多种机器在家占地方,还能降低成本,让顾客受益。这个想法让小罗看到了创业的曙光。于是,他开始查找资料,实施这个创意。

人的一生有三分之二的时间是在室内度过的,而其中大部分时间又是在家中度过。由于室内环境的各个因素均会作用于人体,随着住宅不断向空中发展,高层建筑越来越多,人们也越来越重视住宅卫生。因此,专家们从日照、采光、室内净高、微小气候及空气清新度等五个方面对现代住宅提出卫生标准。环保类小家电存在广阔的市场,而各类相关技术已十分成熟。

小罗将国内外空气净化普遍采用的HEPA过滤技术、负氧离子技术、臭氧技术这三种技术集中在一起,设计出具有多重功能的空气清新机:采用高效的HEPA过滤网过滤空气中99.9%以上的尘埃微粒、花粉、细微毛发、烟雾等;采用具有强大吸附作用和脱臭功能的活性炭进一步净化空气;每秒钟散发150万个负氧离子用以增强心肺功能、提高人体免疫力;采用干燥技术使臭氧纯度更高,杀菌能力更强。如果每天使用空气清新机3小时以上,对流行性感冒、肺炎、鼻炎、哮喘等有一定的预防作用。

产品技术完善后,小罗设计出了具有人性化、独特外观的样机。带着样机,小罗找到厦门几个生产小家电的厂家,希望得到认同并与之合作。一连好几天,当初感兴趣的厂家都没有与他联系,小罗的心揪得紧紧的。担心的一幕在一周后终于出现,几个厂家都回话给他:"你要是有兴趣,可以付款,我们替你生产,但是不能双方合作,我们不愿意承担风险。"

小罗只好再想办法,找遍了朋友,再将所有与他有过交往的商人在脑中过滤,一个与他有过一面之缘的香港商人"跳"了出来。这是小罗在乐华集团做酒店管理的时候,一位姓林的香港客商来厦门参加"9.8台商展销会"生了病,小罗组织人员为他帮忙布展。事后林先生很感动,留下了一张名片给小罗。虽然已时隔多年,但是小罗还是决定试一试。真是无巧不成书,林先生当时刚好在厦门成立了香港百世(厦门)分公司,投资贸易业务。与林先生见面后,小罗讲明了自己的处境以及设计产品的优势,并将父亲和弟弟同时得了绝症的消息告诉了林先生,真诚希望林先生能够帮助自己,将自己设计的产品推向市场。林先生虽然感动于小罗的一片赤诚,但在商言商,他提出要在产品有市场反馈时才能投资。这无疑又给小罗出了难题,产品未生产出来,怎么能看到反馈?情急之中,小罗猛然想到互联网,他提议,先将产品放到林先生的贸易网上去投石问路。

一个星期后,产品在网上有了反馈。香港的几家公司和欧洲国家的一些公司都发来了邮件询问。美国一家公司还发来一封邮件,希望订购500台这样的机器。虽然只是一笔意向性的业务订单,却带来了林先生和小罗的合作。产品在通过中国疾病预防控制中心、福建省卫生防疫站的检测和认证后,终于开始了生产。

欧洲500台的订单成了他们的第一笔业务,就是这一笔业务赚得了100多万元。有了良好的开端,林先生也信守承诺,与小罗签订了合作协议(小罗以技术折价100万元占有公司的股份)。

签完协议的当天,小罗独自在新的办公室坐了一夜。重负多年的他在此时终于有了一丝宽慰。

20世纪90年代初期,空气清新机在欧盟、美国等发达国家已形成了周期性的消费,市场已非常成熟。互联网带来的商机和信息,加上林先生多年的贸易经验,使得产品销售逐渐向好。在空气清新机的基本机型上,小罗又研发出了超声波加湿机系列、臭氧杀菌加湿机系列。而后针对一些流行疾病,在HEPA过滤技术的基础上,小罗又研发出了具有熏香功能、电热效果的中草药杀菌网。独特的植物花香可以消除疲劳、松弛神经,在清新空气的同时,还有着独特药疗保健作用。新产品在互联网上一亮相便得到了外国客商的青睐。

创新是创业的手段和基础,为创业提供了动力和源泉。创业是创新的载体,是实现创新价值的重要途径。创业是极具挑战性的社会活动,是对创业者自身智慧、能力、气魄、胆识的全方位考验。一个人要想获得创业的成功,必须具备基本的创业素质。基本的创业素质包括创业意识、创业心理品质、创业精神、竞争意识、创业能力。

分析以上创业故事并结合创新实践,我们总结出创业成功的一些基本要素。

一、强烈的创业意识

要想取得创业的成功,创业者必须具备自我实现、追求成功的强烈的创业意识。强烈的创业意识帮助创业者克服创业道路上的各种艰难险阻,将创业目标作为人生奋斗目标。创业的成功是思想上长期准备的结果,事业的成功总是属于有思想准备的人,也属于有创业意识的人。

二、良好的创业心理品质

创业之路是充满艰险与曲折的,自主创业就等于是一个人去面对变化莫测的激烈竞争,以及随时出现的需要迅速正确解决的问题和矛盾。这需要创业者具有非常强的心理调控能力,能够持续保持一种积极、沉稳的心态,即有良好的创业心理品质。良好的创业心理品质对创业者在创业实践过程中的心理和行为起调节作用,它与人固有的气质、性格有密切的关系，主要体现在人的独立性、敢为性、坚韧性、克制性、适应性、合作性等方面，它反映了创业者的意志和情感。创业的成功在很大程度上取决于创业者的创业心理品质。正因为创业之路不会一帆风顺，所以如果不具备良好的心理素质、坚韧的意志，一遇挫折就垂头丧气、一蹶不振，那么在创业的道路上是走不远的。宋代大文豪苏轼说："古之立大事者，不惟有超世之才，亦必有坚韧不拔之志。"只有具有处变不惊的良好心理素质和愈挫愈勇的顽强意志，才能在创业的道路上自强不息、竞争进取、顽强拼搏，才能从无到有，闯出属于自己的一番事业。

三、自信、自强、自主、自立的创业精神

自信就是对自己充满信心。自信心能赋予人主动、积极的人生态度和进取精神，不依赖、不等待。要成为一名成功的创业者，必须坚持信仰如一，拥有使命感和责任感，信念坚定，顽强拼搏，直到成功。信念是生命的力量，是创立事业之本，信念是创业的原动力。要相信自己有能力、有条件去开创自己未来的事业，相信自己能够主宰自己的命运，成为创业的成功者。自强就是在自信的基础上，不贪图眼前的利益，不依恋平淡的生活，敢于实践，不断增长自己各方面的能力与才干，勇于使自己成为生活与事业的强者。自主就是具有独立的人格，具有独立性思维能力，不受传统和世俗偏见的束缚，不受舆论和环境的影响，能自己选择自己的道路，善于设计和规划自己的未来，并采取相应的行动。自主还要有远见、有敢为人先的胆略和实事求是的科学态度，能把握住自己的航向，直至达到成功的彼岸。自立就是凭自己的头脑和双手，凭借自己的智慧和才能，凭借自己的努力和奋斗，建立起自己生活和事业的基础。21世纪的青年人应该早立、快立志向，自谋职业，勤劳致富，建立起自己的事业。

四、竞争意识

竞争是市场经济最重要的特征之一，是企业赖以生存和发展的基础，也是一个人立足社会不可缺少的一种精神。人生即竞争，竞争本身就是提高，竞争的目的只有一个——取胜。随着我国社会主义市场经济从低级向高级发展，竞争愈来愈激烈。从小规模的分散竞争，发展到大集团集中竞争；从国内竞争发展到国际竞争；从单纯产品竞争，发展到综合实力竞争。创业者如果缺乏竞争意识，实际上就等于放弃了自己的生存权利。创业者只有敢于竞争，善于竞争，才能取得成功。创业者创业之初面临的是一个充满压力的市场，如果创业者缺乏竞争的心理准备，甚至害怕竞争，就只能一事无成。

五、全面的创业能力素质

创业能力是一种特殊的能力，这种特殊能力往往影响创业活动的效率和创业的成功。创业能力包括决策能力、经营管理能力、专业技术能力、交往协调能力和创新能力。

1. 决策能力

决策能力是创业者根据主、客观条件，因地制宜，正确地确定创业的发展方向、目标、战略，以及选择具体实施方案的能力。决策是一个人综合能力的表现，一个创业者首先要成为一个决策者。创业者的决策能力通常包括分析能力、判断能力和创新能力。大学生要创业，首先要从众多的创业目标以及方向中进行分析、比较，选择最适合发挥自己特长与优势的创业方向、途径和方法。在创业的过程中，能从错综复杂的现象中发现事物的本质，找出存在的真正问题，分析原因，从而正确处理问题，这就要求创业者具有良好的分析能力。所谓判

断能力就是能从客观事物的发展变化中找出因果关系,并善于从中把握事物的发展方向。分析是判断的前提,判断是分析的目的,良好的决策能力是良好的分析能力加果断的判断能力。创业实际就是一个充满创新的事业,所以创业者必须具备创新能力,有创新思维、破思维定式、不墨守成规,能根据客观情况的变化,及时提出新目标、新方案,不断开拓新局面、创出新路子,可以说,不断创新是创业者不断前进的关键环节。

2. 经营管理能力

经营管理能力是指对人员、资金的管理能力。它涉及人员的选择、使用、组合和优化;也涉及资金聚集、核算、分配、使用、流动。经营管理能力是一种较高层次的综合能力,是运筹性能力。经营管理能力的形成要从学会经营、学会管理、学会用人、学会理财、讲诚信几个方面去努力。

(1) 学会经营。

创业者一旦确定了创业目标,就要组织实施,要在激烈的市场竞争中取得优势,必须学会经营。

(2) 学会管理。

要学会质量管理,要始终坚持质量第一的原则。质量不仅是物质产品的生命,也是服务业和其他行业的生命,创业者必须严格树立牢固的质量观。要学会效益管理,要始终坚持效益最佳原则,效益最佳是创业的终极目标。可以说,无效益的管理是失败的管理,无效益的创业是失败的创业。要做到效益最佳,要求在创业活动中人、物、资金、场地、时间的使用都要选择最佳方案运作。做到不闲人员和资金、不空设备和场地、不浪费原料和材料,使创业活动有条不紊地运转。学会管理还要敢于负责,创业者要对本企业、员工、消费者、顾客以及整个社会都抱有高度的责任感。

(3) 学会用人。

市场经济的竞争是人才的竞争,谁拥有人才,谁就拥有市场、拥有顾客。一个学校没有品学兼优的教师,这个学校必然办不好,一个企业没有优秀的管理人才、技术人才,这个企业就不会有好的经济效益和社会效益,一个创业者不吸纳德才兼备、志同道合的人共创事业,创业就难以成功。因此,必须学会用人,要善于吸纳比自己强或有某种专长的人共同创业。

(4) 学会理财。

学会理财首先要学会开源节流。开源就是培植财源,在创业过程中除了要抓好主要项目创收外,还要注意广辟资金来源。节流就是节省不必要的开支,树立节约每一滴水、每一度电的思想。百万富翁、亿万富翁几乎都是从几百元、几千元起家的,都经历了聚少成多、勤俭节约的历程。其次,要学会管理资金。一是要把握好资金的预决算,做到心中有数;二是要把握好资金的进出和周转,每笔资金的来源和支出都要记账,做到有账可查;三是要把握好资金投入论证,每投入一笔资金都要进行可行性论证,有利可图才投入、大利大投入、小利小投入,保证使用好每一笔资金。总之,创业者心中要时刻装有一把算盘,每做一件事、每用一笔钱,都要掂量一下是否有利于事业的发展、有没有效益、会不会使资金增值,这样才能理好财。

(5) 讲诚信。

就创业者个人而言,诚信乃立身之本,"言而无信,不知其可也"。创业者在创业过程中,如果不讲信誉,就无法开创出自己的事业;失去信誉,就会寸步难行。诚信,一是要言出即从;二是要讲质量;三是要以诚信动人。

3. 专业技术能力

专业技术能力是创业者掌握和运用专业知识进行专业生产的能力。专业技术能力的形成具有很强的实践性。许多专业知识和专业技巧要在实践中摸索，逐步提高、发展、完善。创业者要重视在创业过程中积累专业技术方面的经验和职业技能的训练，对书本上介绍过的知识和经验，在加深理解的基础上予以提高、拓宽；对书本上没有介绍过的知识和经验，要探索，在探索的过程中要详细记录、认真分析，进行总结、归纳，上升为理论，形成自己的经验，积累起来。只有这样，专业技术能力才会不断提高。

4. 交往协调能力

交往协调能力是指能够妥善地处理与公众（政府部门、新闻媒体、客户等）之间的关系，以及能够协调下属各部门成员之间关系的能力。创业者应该做到妥当地处理与外界的关系，尤其要争取政府部门、工商以及税务部门的支持与理解，同时要善于团结一切可以团结的人，团结一切可以团结的力量，求同存异、共同协调发展，做到不失原则、灵活有度，善于巧妙地将原则性和灵活性结合起来。总之，创业者只有搞好内外团结、处理好人际关系，才能建立一个有利于自己创业的和谐环境，为成功创业打好基础。

协调交往能力在书本上是学不到的，它实际上是一种社会实践能力，需要在实践活动中学习，不断积累、总结经验。这种能力的形成要从三个方面努力。一是要敢于与不熟悉的人和事打交道，敢于冒险和接受挑战，敢于承担责任和压力，对自己的决定和想法要充满信心、充满希望。二是养成观察与思考的习惯。社会上存在许多复杂的人和事，在复杂的人和事面前要多观察、多思考，观察的过程实质上是调查的过程，是获取信息的过程，是掌握第一手资料的过程，观察得越仔细，掌握的信息就越准确。观察是为思考做准备，观察之后必须进行思考，做到三思而后行。三是处理好各种关系。可以说，社会活动是靠各种关系维持的，处理好关系要善于应酬。应酬是职业上的"道具"，是处事、待人、接物的表现。心理学家称应酬的最高境界是在毫无强迫的气氛里，把诚意传达给别人，使别人受到感应，并产生共识，自愿接受自己的观点。搞好应酬要做到宽以待人、严于律己，尽量做到既了解对方的立场，又让对方了解自己的立场。交往协调能力并不是天生的，也不会在学校里就形成了，而是在走向社会后慢慢积累社会经验，逐步学习社会知识形成的。

5. 创新能力

创新是知识经济的主旋律，是企业化解外界风险和取得竞争优势的有效途径，创新能力是创业能力的重要组成部分。创新能力包括两方面的含义：一是大脑活动的能力，即创造性思维、创造性想象、独立性思维和捕捉灵感的能力；二是创新实践的能力，即人在创新活动中完成创新任务的具体工作的能力。创新能力是一种综合能力，与人们的知识、技能、经验、心态等有着密切的关系。具有广博的知识、扎实的专业基础知识、熟练的专业技能、丰富的实践经验、良好的心态的人容易形成创新能力，创新能力取决于创新意识、智力、创造性思维和创造性想象等。

上述五个方面的基本要素中，每一项基本要素均有其独特的地位与功能，任何一个要素都会影响其他要素的形成和发展，影响其他要素的功能和作用的发挥，乃至影响创业的成功。因此一个创业者，不仅要注意在环境和教育的双重影响下培养自己的创业能力，而且要重视其整体结构的优化，在创业实践中不断提高自我的创业能力。

学习情境

创业计划书的撰写

创业计划书对创业的实施具有不言而喻的作用：首先可以帮助创业者自我评价，理清思路。在创业融资之前，创业计划书首先应该是给创业者自己看的。通过制定创业计划书，把正、反理由都书写下来，再逐条推敲，创业者能对这一项目有更加清晰的认识；可以帮助创业者凝聚人心，有效管理。一份完美的创业计划书可以增强创业者的自信，使创业者对企业更容易控制、对经营更有把握。创业计划书概括了企业全部的现状和未来发展的方向，为企业提供良好的效益评价体系和管理监控指标。创业计划书使得创业者在创业实践中有章可循；能够帮助创业者对外宣传，获得融资。创业计划书作为一份全方位的项目计划，它是对即将展开的创业项目进行可行性分析的过程，也是向风险投资商、银行、客户和供应商宣传拟建的企业及其经营方式的过程，包括企业的产品、营销、市场，以及人员、制度、管理等各个方面，在一定程度上也是拟建企业对外进行宣传和包装的文件。

小王是一名在校大学生，看了很多创业的故事和案例，想进行创业尝试。在查阅资料的基础上，他想以家乡的传统木雕手工艺品为产品进行创业。对于没有经验的小王，该如何进行创业计划书的撰写呢，你能帮帮他吗？

学习目标

（1）明确创业计划书的基本内容和含义。
（2）能够准确、鲜明地对项目及公司进行重点介绍。
（3）能对产品与服务进行全面、准确的描述。
（4）会组建合理的创业团队，明确人员与组织结构职责等，形成专业互补、能力互补、优劣势互补的组合状态。
（5）能对创业项目进行技术分析，明确产品的技术优势及自主知识产权、技术成熟度。
（6）会对项目的政策环境、市场容量、产品定位、竞品等进行分析，明确产品的市场定位和目标客户。
（7）会利用 SWOT 和 PEST 两种分析工具对项目进行竞争态势分析。
（8）会从政策、技术、人才、市场、管理及资金等方面进行风险分析与控制。
（9）明确项目的营销策略。
（10）能够按照年度时间进度设定预期目标，制定发展规划和愿景。
（11）会进行创业资金估算和创业资金筹措。
（12）能进行项目财务分析，形成财务报表。
（13）明确团队的股权结构。

任务分组

任务分组表如表 2.1 所示。

表 2.1　任务分组表

班级		组号		指导老师		备注
组长		分工职责				
组员1		分工职责				
组员2		分工职责				
组员3		分工职责				
组员4		分工职责				
组员5		分工职责				
…		分工职责				

相关知识点

一、计划书摘要

创业计划书摘要是整个创业计划书的概括与精华提炼，一般字数不能太多。由于文字描述有篇幅限制，如何把项目的主要内容完整、清晰地呈现出来难度较大。摘要要尽量简明、生动，特别要说明自身企业的不同之处，要突出亮点，能吸引眼球，要涵盖计划要点，以求一目了然，以便读者能在最短的时间内评审计划并作出判断。重点围绕创业项目的社会和经济环境背景情况、市场痛点和市场需求、市场空间容量、产品与服务的内容、创业团队情况、创业项目的优势与特色、创业项目的商业盈利模式、创业项目的投资与回报、创业项目的风险分析以及创业融资计划等主要内容概括描述，要让读者从摘要中就能清楚地了解创业项目的全貌。

二、公司介绍

公司介绍就是要将创业公司的概况介绍清楚。在对创业公司的描述中，要让人了解创业公司的基本情况：公司是做什么的，公司是哪年成立的，公司目前有多少人，公司的产品是什么，提供的服务是什么，公司有哪些自主知识产权，公司近三年的财务状况如何，有哪些主要客户，公司业务已经拓展到哪些领域和地区，公司是否获得过融资。

公司概况描述主要包括：创业公司的成立时间；注册资金数量，在工商注册时是实缴还是认缴；公司人员数量，其中本科、硕士、博士各种学历人员分布情况，初级、中级、高级技术职称人员分布情况；公司的主营业务有哪些，公司的定位是什么，公司的宗旨和经营理念是什么，公司的目标愿景是什么；公司的组织架构是怎样的，在外省市是否设立分公司或办事处；公司有哪些主要客户，公司已经获得哪些资质、信誉、称号和奖励等。

在介绍公司科研条件时，还要清楚描述公司的办公面积、科研仪器型号及数量，尽可能反映出公司的科研基础条件。

在介绍公司的知识产权情况时，要把公司正在申报和已经授权的专利、软件著作权、商标注册等情况描述清楚，这样可以反映出公司的技术创新能力和技术壁垒。

公司如果在境外设立了办事处或研究中心，或已经与境外机构开展项目合作，也一定要描述清楚，以突出公司具有进军国际市场的基础。

如果创业公司还没有成立，还是个创业团队，那也要介绍创业团队的概况，如创业团队的成员数量,成员来自哪里,学什么专业的,都掌握哪些专业知识和技能。

三、产品与服务

产品与服务是创业计划书描述的重要内容。在描述产品时,不仅要围绕产品材料、产品技术、产品工艺、产品设计、产品质量、产品功能、产品外形、产品尺寸、产品包装等方面描述,还要围绕产品的技术水平、产品特色、所取得的知识产权以及参加展览比赛获得奖项等内容描述。产品与服务的介绍实际上就是要描述清楚产品是什么,可以用在哪些地方,有哪些性能和功能,可以解决什么问题,要尽可能全方面地介绍清楚创业项目产品。在产品介绍中,可以围绕以下几个方面的内容重点描述。

1. 技术水平

一个项目技术水平的高低可直接反映出项目的技术是否先进。现在很多创业项目涉及新材料、电子信息、智能制造、节能环保、生物医药、电动汽车、文化创意、航空航天等领域,都属于具有一定科技含量的科技创业项目。对这类科技项目,技术水平的描述就显得十分重要。为了清晰地描述项目的技术水平,可以按照项目产品的技术水平处于国际领先、国际先进、国内领先、国内先进等四个不同等级的哪个等级陈述,如果该项技术填补了国际空白或国内空白,也应一并补充进去。

2. 自主知识产权

项目的知识产权反映项目的创新性,自主知识产权在一定程度上可视为项目保护的壁垒。知识产权的种类较多,可以包括发明专利、实用新型专利、外观设计专利等三种专利权,还可以包括软件著作权、公司商标权、版权、工业品外观设计权、集成电路布图设计权、植物(动物)新品种、未披露过的信息(商业秘密)专有权等。

创业项目中常见的知识产权有专利权、商标权和著作权等。自主知识产权是创业项目的竞争优势,也是为项目的跟进者和模仿者设置的门槛。

创业项目中如果有自主发明的专利和软件著作权等知识产权,将会对创业项目的技术创新性和技术竞争力加分。如果创业项目拥有自主知识产权,一定要在创业计划书中加以介绍,描述清楚专利名称和专利号,对已经授权和正在申报的专利一定要说清楚。一个发明专利相当于6个实用新型专利或外观设计专利的权重,如果拥有发明专利,技术创新性更高,给人的印象也越深刻。

3. 产品介绍与服务

(1)重点阐述产品的特性、竞争优势及其独特的客户价值。

(2)若产品数量较多,可以用表格形式将其基本信息进行陈列,并重点介绍主导产品的特点及其优势。

(3)在关于产品和服务"背后实力"的说明撰写过程中,应根据实际需求进行内容项目的选择,不要追求面面俱到。内容选择原则:突出产品和服务的优势及独特价值,突出影响产品和服务的关键成功要素,例如研发能力、原材料供应、质量控制、售后服务体系等。

(4)注意与创业计划书中其他部分内容协调,例如公司概况中涉及的产品和服务介绍、研发与生产中涉及的知识产权等内容。

(5)内容重点:产品基本信息、产品的特性、竞争优势、独特的客户价值,以及支撑产品和服务的能力等。

四、创业团队

创业团队是创业项目能否顺利实施的关键,创业团队对能否有效运营创业项目、实现创业成功至关重要。评价一个创业项目时,往往更看重创业团队运营项目的能力,没有优秀的创业团队,再好的创业项目也不可能运营成功。因此在创业计划书中,创业团队的描述就显得十分重要。那么该如何完整地介绍创业团队,以便把创业团队的优势尽可能地展现出来呢?对于大学生的创业项目,除了要保证创业团队的价值观、经营理念保持一致外,还要保证团队在专业知识、个人能力、社会经验、脾气性格等方面保持互补性。

团队成员共同的价值观和经营理念、充满朝气的拼搏和合作精神、善于配合且积极的工作态度以及组织协调的工作能力是创业团队坚强的战斗力。对于一个初创的公司,成员之间价值观的认同、性格的磨合、工作的协同、工作能力的互补都需要团队成员之间有效地配合。所以,这部分内容可以更加全面地反映出创业团队的情况。除此之外,投资人更喜欢创业团队具有"三老"的特征,即"老同学、老同事、老朋友"。

为了保证团队成员执行创业计划、顺利开展各项工作,必须预先在团队内部进行职权的划分。创业团队的职权划分就是根据执行创业计划的需要,确定每个团队成员所要担负的职责以及相应享有的权限。团队成员间职权的划分必须明确,既要避免职权的重叠和交叉,也要避免无人承担造成工作上的疏漏。此外,由于创业公司还处于创业过程中,面临的创业环境又是动态复杂的,不断会出现新的问题,团队成员可能不断出现更换,因此创业团队成员的职权也应根据需要不断地进行调整。

创业团队成立后会遇到很多跨学科领域的工作,如技术、管理、营销、策划、人力资源、生产、财会、法律等,每个成员不可能完全掌握所有的专业知识和技能,所以在描述创业团队时,要尽可能地将每个成员的专业知识和专业技能呈现出来,从而可以更好地评估创业团队成员间是否专业互补、能力互补、优劣势互补,能否达到理想组合的状态。理想的创业团队一定是专业上互补、减少短板发生的团队。

五、技术分析

1.技术分析的内容

一般来说,评价一个技术水平可以用国际领先、国际先进、国内领先、国内先进这四个指标去衡量和比较,看看这个技术处于哪个技术水平阶段。有些技术可能很创新,要做技术查新,查询一下该项技术是否填补了国外或国内的空白;有些技术迭代很快,要说清楚该项技术属于第几代技术;有些技术应用面很宽,要说清楚能延伸、扩展应用在哪些领域。对项目中涉及的关键技术、关键工艺和关键技术参数,没必要描述得很具体,以免泄露技术秘密。

2.产品技术优势

(1)产品技术优势要写创新点:所谓创新点就是其固有的属性,首次出现,有别于其他,独一无二。

(2)产品技术优势要写对比:对比类似技术,本技术有何提高或优化的地方,技术性能有何改善,能够提高多少现有技术水平。

(3)产品技术优势要写效益:任何技术的研究都是因为现实社会中缺少它的存在,该项技术完成多少经济效益、社会效益、环保效益都属于它的技术优势。

(4)产品技术优势要写前景:除拥有了已产生的各种效益以外,分析目前的社会形势,该项技术在未来的发展如何。优胜劣汰,优秀的技术总会留存到最后,这也是它的技术优势。

（5）产品技术优势要写佐证材料来源：任何技术的创新点、经济效益都是自己的描述，如果缺少第三方的认可，总会感觉缺少证明的力度，佐证材料能够很好地证明技术优势达到什么水平。技术优势最终都要定位到产品或工艺，新技术的存在要靠产品和生产工艺形成它的有形模式。不论何种技术，都是为了产品的创新或生产工艺的改善而存在的。

3. 自主知识产权

我国十分重视原创的自主知识产权的技术，如果创业项目拥有自主知识产权，无论是正在申报还是已经拿到国家授权的，一定要在创业计划书中注明。具有自主知识产权的创业项目在技术准入上设置了一定的技术壁垒，项目的技术竞争力更强。知识产权包括发明专利、实用新型专利和外观设计专利等三种专利权，还包括软件著作权、版权、公司商标权、商业秘密等。如果有些技术成果已经处于申报专利的过程中，但是还没被授权，也一定要在项目书中描述清楚。发明专利较实用新型专利和外观设计专利的含金量更高。对存在知识产权模糊或容易引起知识产权纠纷的情况，在项目书中一定要避免。很多大学生的创业项目使用的技术是指导老师的技术成果，如果技术成果的知识产权属于学校或属于老师，则一定要说清楚，在创业过程中使用该技术成果时，需要学校或老师出示一个使用技术的授权证明资料作为创业计划书的附件资料。

4. 技术成熟度

技术成熟度是对关键技术满足项目目标程度的一种度量，是项目风险的重要因素。技术成熟度等级（Technology Readiness Level，TRL）指对技术成熟度进行度量和测评的一种标准。技术的成熟有一个漫长的研发、实践、完善、改进的过程。技术的成熟度一般分为实验室阶段、样品和样机阶段、小试和小批量生产阶段、中试阶段和大批量生产阶段。对创业项目技术成熟度的描述，一定要客观、真实地描述研发成果处于什么阶段，是否已经研制出样品或样机，研制的样品或样机的数量是多少，是否已经达到小批量生产能力。

六、市场分析

市场分析是创业计划书的重要模块内容。创业者在创业项目启动前一定要做好前期市场调研工作，要通过门户网站、微信、微博、电视、广播、报纸、杂志、广告、会议、展览等各种渠道收集信息，并对项目产品进行全面和认真的市场分析。市场分析的主要内容包括以下几个方面。

1. 政策环境分析

创业项目是否符合国家政策扶持方向。一个好的创业项目必须要与国家产业扶持政策和地域发展政策吻合，要借力国家和地区的政策去发展，就像借东风一样，看看自己的项目是否在风口上，能不能让风吹上天。项目启动前，要充分调研创业项目所处领域和行业的发展政策，是处于政策支持还是政策限制，是否有发展扶持资金或税收减免优惠政策。

2. 市场容量分析

创业项目的市场空间是否足够大。创业项目启动前，除了研究国家和地区的产业扶持政策外，一定要研究并分析市场痛点在哪里、市场需求在哪里、市场空间有多大。如果市场容量不大、需求不足，这个项目就做不大、做不起来，就容易遇到天花板。例如，市场空间只有1亿元，而同时有10家竞争对手在做类似项目，平均来说，每家也就做到1000万元。所以，一定要深入分析一下市场痛点在哪里，市场需求在哪里，有多少属于刚性需求，有多少属于潜在需求,目标客户和潜在客户大概能有多少,这个项目每年能产生多少销售额,每年的市场容量有多少,每年能增长多少。

3. 产品定位分析

创业项目一定要有清晰的产品定位。产品定位要聚焦目标客户定位和价格定位,项目产品的目标客户定位分析十分重要,属于精准营销的重要内容。对不同的客户群体,需要制订一套组合价格策略。客户分析可以围绕年龄、性别、收入、受教育程度等几个方面分析。

(1) 从年龄上可划分为新生儿、学龄前儿童、小学生、中学生、大学生、90后、80后、70后等。

(2) 从受教育程度上可以划分为初等教育、中等教育、高等教育。

(3) 从性别上可以划分为男性、女性。

(4) 从消费差异上可以划分为低端消费、中端消费、高端消费、奢侈消费。

(5) 从收入差异上可以划分为蓝领、白领、金领、钻石领。

(6) 从地域方面可划分为国内客户、海外客户。

(7) 从平台上可划分为线上客户、线下客户。

项目产品价格策略的制定十分重要,是获得客户、提高市场竞争力的重要手段。价格定高了产品卖不出去,顾客全都绕行;价格定低了影响公司的利润收益,甚至可能赔本。所以,在制定产品价格前,一定要提前了解一下市场上类似产品的价格,作横向比较。针对项目产品的质量、功能、材料、特色和服务价值,确定目标客户群,制定对应的价格策略。

4. 竞品分析

竞品分析指了解市场竞争对手情况如何。竞品分析主要包括项目产品目前的市场竞争对手有多少家,都分布在哪些地区,他们推出的产品技术处于什么样的情况,产品质量和服务做得如何,产品的售价是多少,他们采用什么样的产品促销方式,他们的商业模式是怎样的,他们的强项在哪里,优势是什么,他们的弱点和不足是什么,他们的资金、人才、技术、品牌、服务、渠道是一个什么样的情况,我们和这些竞品对比有哪些优势,有哪些不足,我们是否有可能会超越他们,我们需要采用哪种市场战略和营销策略才能战胜竞争对手。如果创业项目进入了竞争激烈的红海,市场已经有了公司提供的服务产品,并且有很多很强的竞争对手,那就要从对方的产品、技术、研发、质量、服务、物流、价格、交货期、市场策略、品牌宣传等多方面进行考察,从而制定出适合自己的市场战略。如果公司进入的是竞争很少甚至还是一片空白的蓝海市场,那么需要采用哪种价格策略和营销策略,需要设计什么样的商业盈利模式,需要制定什么样的蓝海战略尽快地占有市场、培育公司品牌。在竞品分析中,可以围绕项目的技术水平、知识产权、设计能力、研发能力、生产成本、功能性能、产品质量、产品寿命,以及产品的环保性、安全性、便捷性、廉价性等方面进行分析。

七、竞争态势分析

创业策划过程中一定要对创业项目的竞争态势进行分析,这样才能综合分析创业项目的情况,评估创业项目实施的可行性。竞争态势分析常用到的管理工具有SWOT分析和PEST分析两种分析工具。

1. SWOT分析

S(Strengths)是优势、W(Weaknesses)是劣势、O(Opportunities)是机会、T(Threats)是威胁。所谓SWOT分析即基于内外部竞争环境和竞争条件下的态势分析,就是将与研究对象密切相关的各种主要内部优势、劣势和外部机会、威胁等,通过调查列举出来,并依照矩阵形式排列,然后用系统分析的思想,把各种因素相互匹配起来加以分析,从中得出一系列相应的结论,而结论通常带有一定的决策性。按照企业竞争战略的完整概念,战略应是一个企业"能够做的"(即组织的强项和弱项)和"可能做的"(即环境的机会和威胁)之间的有机组合。

运用各种调查研究方法,分析出项目所处的各种环境因素,即外部环境因素和内部能力因素。外部环境因素包括机会因素和威胁因素,它们是外部环境对公司的发展有直接影响的有利和不利因素,属于客观因素,内部环境因素包括优势因素和弱势因素,它们是公司在其发展中自身存在的积极和消极因素,属主观因素,在调查分析这些因素时,不仅要考虑历史与现状,更要考虑未来发展问题。

优势是组织机构的内部因素,具体包括有利的竞争态势、充足的财政来源、良好的企业形象、技术力量、规模经济、产品质量、市场份额、成本优势、广告攻势等。

劣势是组织机构的内部因素,具体包括设备老化、管理混乱、缺少关键技术、研究和开发落后、资金短缺、经营不善、产品积压、竞争力差等。

机会是组织机构的外部因素,具体包括新产品、新市场、新需求、外国市场壁垒解除、竞争对手失误等。

威胁是组织机构的外部因素,具体包括新的竞争对手、替代产品增多、市场紧缩、行业政策变化、经济衰退、客户偏好改变、突发事件等。

SWOT方法的优点在于考虑问题全面,是一种系统思维,可以把对问题的"诊断"和"开处方"紧密结合在一起,条理清晰,便于检验。

2. PEST分析

PEST分析工具是一种常用的宏观环境分析工具。宏观环境又称一般环境,是指影响一切行业和企业的各种宏观力量。不同行业和企业根据自身特点和经营需要对宏观环境分析,分析的具体内容会有差异。PEST分析工具主要包括以下四个分析要素。

(1)政治(Politics)。

对政治环境的分析。政治环境分析的内容主要包括政府领导人的人事调整变化、政府部门机构改革和组织结构变化、国家和地方产业新政策的调整和颁布、国家出台新的法律和法规等。例如,英国退出欧盟,韩国出现"亲信门"干政事件;国家颁布的《"十三五"国家战略性新兴产业发展规划》,国务院印发的《"十三五"国家科技创新规划》,商务部颁布的《商贸物流发展"十三五"规划》,工信部提出的《中国制造2025》规划,北京市颁布的《北京市"十三五"时期文化创意产业发展规划》,北京市提出"政治中心、文化中心、国际交往中心与科技创新中心"四个中心的建设等,这些国际和国内的政治环境变化都会对行业和企业的经营行为产生重大的影响。

(2)经济(Economy)。

对经济环境的分析。国内外经济环境的变化会对企业的经营和产业的发展产生较大的影响。经济环境分析的内容主要包括国际经济环境和国内经济环境的变化。例如,国际经济环境分析,2023年国际经济形势变化扑朔迷离,我国出口贸易顺差减少,房地产行业进一步宏观调控,国内家电、建材、钢铁等诸多行业产能过剩,国内GDP增速减缓,中小微企业资金紧缺,环保节能产业增速势头强劲等。

(3)社会(Society)。

对社会环境的分析。社会环境的变化对企业的经营会起到显著的影响。社会环境分析的内容主要包括当地的社会治安状况如何,交通是否便利,水、电、气、网络、通信是否设施完备,医疗卫生、教育文化、娱乐休闲、餐饮购物是否便利等。例如,近年来国外发生多起针对中国游客的抢劫事件,会在一定程度上影响当地旅游公司的经营业务;北京市疏解非首都功能,限制外来人口,会在一定程度上影响北京市相关企业的经营;北京市城市副中心建设会影响一大批企事业单位、学校、医院、餐饮的搬迁;国家提出的京津冀一体化协同发展,为企业带来机会的同时也带来挑战。

(4)技术(Technology)。

对技术环境的分析。技术环境的变化对企业的经营发展影响更直接。技术环境分析的内容主要包括当前有哪些技术发明和主流技术主导和影响着社会发展和生活形态。例如,计算机发展的三次浪潮给人类的生活方式带来巨大改变,城际高铁的发展改变了我们的出行方式,互联网技术的普及使我们离不开网络生活,4G技术的出现丰富了我们的移动数字生活,GPS等卫星遥感信息技术的成熟促进了驾车出行的便捷。随着我国宽带和5G基础设施建设的不断完善,互联网的发展将带来新的突破;人工智能(AI)的发展将产生一大批服务机器人和工业机器人;无人机的快速发展将对影视拍摄、土质勘探、道路交通产生新的服务模式;移动互联网的高速发展将变革自媒体新的服务业态。通过对这些可以改变人类生活的技术分析,就可以发现商业机会,寻找公司的业务方向。

八、风险分析与控制

创业计划书中对风险分析和风险控制的描述十分重要,它可以帮助创业者清楚地看到创业项目的风险在哪里,创业风险有多大,创业者应该如何规避创业风险,如何制定相应的风险应对预案来控制创业风险。但是,很多创业者不知道该如何进行创业风险分析。一般来说,创业者可以围绕以下六个创业中最容易遇到的风险来进行分析和描述。

1. 政策风险

创业中最重要的风险是政策风险。一旦创业项目存在较大的政策风险,即使有再好的技术和团队,也很难把项目做好、做大。对政策风险的分析,重点是要对比一下创业项目是否与国家产业发展政策背离,是否属于国家不支持发展的夕阳产业或限制性的行业。如果创业项目定位和方向与国家产业和环境发展政策抵触,那就存在相当大的政策风险,这时候就要十分谨慎了,必须认真研究一下实施该创业项目是否可行。例如,所选的创业项目属于能耗较大,并且有很多污染大气的排放物,会对环境造成很大的影响,而我们国家一直都在大力提倡节能减排、提倡绿色生产、提倡生态环境建设,那么这样的创业项目就存在很大的政策风险,或许会受到地方政府执法部门的强制关闭、停产整顿和严厉处罚。所以,针对存在政策风险的创业项目,一定要保持警惕,尽可能规避政策风险。

2. 技术风险

技术风险是科技创业公司存在的主要风险,对技术风险分析关键是要看创业项目的技术水平如何,是否处于国内或国际领先地位,是否申报了专利或软件著作权等自主知识产权,是否已经获得授权,申报的数量和获得的授权数量有多少,这个关键技术是否能对跟进者设置较高的技术门槛。当今社会技术迭代更新十分快,有些技术可能1~2年就迭代一次,有些技术甚至半年就迭代一次,评估创业项目的技术生命周期十分重要,一定要有清醒的认识和判断。一般来说,比较理想的创业项目技术的生命周期最好能维持5~10年,甚至更长时间。另外,能否保持技术研发的持续投入也十分重要。一般成长性的创业公司的技术研发策略都是研发一代、生产一代、再储备一代。所以，要想保证技术产品领先，就要保证不断地投入资金、进行科技研发。

3. 人才风险

人才是创业项目竞争力的核心。创新企业的人才竞争非常激烈，若人力资源问题不能很好地解决，可能造成人才流失，将制约项目进一步发展。在创业中，人才是最宝贵的，但是能称作人才的人也是最难搞定的，人才流动的风险随时存在。所以，为了控制人才风险，创业公司一定要设计好针对关键技术人才和关键骨干人才合理、有诱惑性、有激励性的股权制度，同时还要制定好公司的技术保密制度。否则，一旦关键技术人才和骨干人员流失，就会对创业公司的产品研发、设计生产和市场销售带来巨大的影响和损失。

4. 市场风险

市场风险是最应该引起创业公司关注的风险。一项新技术的出现、一个新政策的颁布、一个巨无霸的侵入都有可能改变现有的市场格局。当市场上出现一种新技术时，它可以替代原有的传统技术，就有可能改变人们的消费习惯，严重地影响市场需求情况。例如，数码技术出现后，数码相机改变了传统胶片相机的使用模式，相片的存储量不再受胶卷的限制，人们开始普遍使用数码相机，不再使用胶片相机，柯达公司没有及时地认识到数码技术对胶片市场的破坏性，导致公司业务逐年大额亏损；随着互联网技术的发展，移动支付技术越来越成熟，支付宝、微信支付已经渗入金融业务范围，对银行带来了巨大的冲击，不断涌现的互联网金融新业态在慢慢地侵入银行领域，瓜分银行的市场空间和份额。所以，针对市场风险，创业者一定要认真进行分析，并提前制定好风险应对预案。

5. 管理风险

管理风险是创业公司普遍存在的风险。创业公司和创业团队的，每个人在学历背景、专业技术、工作经验、工作能力、思考方式等方面都有所不同，团队成员在工作中的配合会存在很多问题，团队协作需要相当长的一段磨合时间。由于创业公司属于新组建的组织，公司人数较少，经常是一人多岗、一人多职、一专多用，很容易出现由于工作跨岗越位引起的冲突与矛盾。初创公司不像大公司那样建章建制，容易导致任务不到位、责任不到位、权利不到位、工作不到位、激励不到位的现象，给外人的感觉是管理混乱和不规范。所以，创业公司要认真地围绕公司制度管理、文件管理、项目管理、信息管理、战略管理、策略管理、研发管理、设计管理、生产管理、成本管理、价格管理、渠道管理、售后管理、财务管理、薪酬管理、品牌管理、人力资源管理、供应商管理等方面进行风险分析，制定出切实可行的管理措施和应对风险预案，这样才能使创业公司向着规范化、程序化、标准化、健康化和可持续化发展。

6. 资金风险

资金风险是创业者必须引起高度重视的风险。资金是公司运营的血脉，没有充盈的资金作为支撑，创业公司很快就会倒闭，资金风险是创业策划中需要认真思考的问题。例如，有的创业项目启动资金很大，但是能够募集到的资金又不多，很难保证项目的顺利开展；有的创业项目可能需要经过半年、一年，甚至二年以上的时间才会盈利，但是自有资金又不足，导致公司很难经营下去；有的创业公司在初创期不注意开源节流，不善于控制成本，各方面支出都很多，业务收入又不理想，造成很大的财务亏空，导致创业很快失败。此外，三角债拖欠货款的现象也很严重，应收账款不能及时回款也会影响公司的良性经营。针对公司可能出现的资金风险，创业者一定要从项目融资、项目运营、项目回款等方面进行全面分析，想好如何应对可能存在的资金风险,提出应对措施和预案。

九、市场营销策略

近年来,随着市场竞争越来越激烈,营销策略向纵深发展,除了可以使用 4P、4C、4S、4R 等常用的市场营销管理工具外,市场上还出现了许多具有实战效果的营销策略,如情感营销策略、体验营销策略、口碑营销策略、事件营销策略、比附营销策略、饥饿营销策略、会员营销策略、互联网+销售策略、衍生营销策略等。我们在进行项目市场营销策划时,可以把这些营销策略组合起来应用。

1. 情感营销策略

情感营销就是把消费者个人情感差异和需求作为企业品牌营销策略的情感营销核心,通过借助情感包装、情感促销、情感广告、情感口碑、情感设计等策略实现企业的经营目标。在情感消费时代,消费者购买商品看重的已不是商品数量的多少、质量的好坏以及价钱的高低,而是为了一种感情上的满足、一种心理上的认同。情感营销从消费者的情感需要出发,唤起和激起消费者的情感需求,使消费者产生心灵上的共鸣,寓情感于营销之中,让有情的营销赢得无情的竞争。情感营销在实战中就是和客户讲交情、拉拢感情,从情感上打动客户,从情感上开展促销。

2. 体验营销策略

体验营销是 1998 年美国战略地平线 LLP 公司的两位创始人 B. Joseph Pine Ⅱ 和 James H. Gilmore 提出的。他们对体验营销的定义是:"从消费者的感官、情感、思考、行动、关联五个方面重新定义,设计营销理念。"他们认为,消费者消费时是理性和感性兼具的,消费者在消费前、消费中和消费后的体验是研究消费者行为与企业品牌经营的关键。体验营销通过看、听、用、参与的手段,充分刺激和调动消费者的感官、情感、思考、行动、关联等感性因素和理性因素,它是重新定义、设计一种思考方式的营销方法。这种思考方式突破传统"理性消费者"的假设,认为消费者消费时是理性与感性兼具的,消费者在消费前、消费中和消费后的体验才是购买行为与品牌经营的关键。现在很多产品的销售都在用体验营销,如建立体验店,让准客户试用,感受产品的功能、享受产品的服务、体验产品的效果,在产品的体验中,增加产品销售。在大型超市里见到的体验营销更多,你会经常见到促销员拿着可以免费试吃和免费品尝的食品让你体验,你可以免费试吃饼干,你可以免费品尝红酒,如果你体验的效果好,自然就会购买一些,商家也自然会增加销售量。现在很多培训项目也开展体验营销,可以让你免费试听几次课,或花很少的钱去试听一两次课,感受一下课程的效果,然后再让你决定是否购买课程。

3. 口碑营销策略

口碑营销是指企业在调查市场需求的情况下,为消费者提供需要的产品和服务,同时制定一定口碑的推广计划,让消费者自动传播公司产品和服务的良好评价,从而让人们通过口碑了解产品、树立品牌、加强市场认知度,最终达到企业销售产品和提供服务的目的。口碑是指公众对某企业或企业产品相关信息的认识、态度、评价,并在公众群体之间进行相互传播。口碑的内容包括三个层面,首先是体验层,即公众对企业或组织相关信息的认识、态度、评价。其次是传播层,即传播过程中的事例、传说、意见等传播素材。最后是公众对其的认可层,即好恶。良好口碑的建立主要基于产品的质量、服务、环境等带给用户良好的使用体验。现在口碑营销也十分广泛,如对电影的网评、对图书的网评、对美食的网评、对餐饮的网评、对旅游的网评等，都属于口碑营销。

4. 事件营销策略

事件营销在英文里称为 Event Marketing，国内有人把它直译为"事件营销"或者"活动营销"。事件营销是指企业通过策划、组织和利用具有新闻价值、社会影响以及名人效应的人物或事件，吸引媒体、社会团体和消费者的兴趣与关注，以求提高企业或产品的知名度、美誉度，树立良好的品牌形象，并最终促成产品或服务的销售手段和方式。事件营销是国内外十分流行的一种公关传播与市场推广手段，集新闻效应、广告效应、公共关系、形象传播、客户关系于一体，并为新产品推介、品牌展示创造机会，建立品牌识别和品牌定位，形成一种快速提升品牌知名度与美誉度的营销手段。互联网和移动互联网的飞速发展给事件营销带来了巨大契机。通过电视媒体、网络媒体、微博、微信和直播，一个事件或者一个话题可以很轻松地进行传播和引起关注，事件营销成功的案例比比皆是。

5. 比附营销策略

比附营销是一种比较有效的巧借东风的营销手段，能让目标受众迅速对营销物完成从认识到感兴趣，甚至购买的过程。其操作思路是想方设法将自己的产品或品牌与行业内的知名品牌发生某种联系（即攀附知名品牌），并与其进行比较，核心思想有两方面。①攀附知名品牌，但承认自己稍逊一筹，受众会觉得我们诚信可靠，没有夸大其词，这样容易让受众产生信任。如果知名度没达到第一而硬说自己就是第一，即使品质和服务真是第一，那也几乎没人会相信。②当我们自己的品牌与知名品牌出现在一个广告里，加上我们广告语的引导，受众会自然将我们的品牌与知名品牌产生联系，并不知不觉地将对知名品牌的信任感转移到我们的品牌上，从而让不认识我们品牌或对我们品牌缺乏信任的受众产生认知和信任感，直至完成购买。

6. 饥饿营销策略

饥饿营销是指商品提供者有意调低产量，以期达到调控供求关系、制造供不应求的"假象"、维持商品较高售价和利润率的目的。饥饿营销就是通过调节供求两端的量来影响终端的售价，从而达到加价的目的。实际上，饥饿营销的操作很简单，定个叫好叫座的惊喜价，把潜在消费者吸引过来，然后限制供货量，造成供不应求的热销假象，从而提高售价，赚取更高的利润。但"饥饿营销"的终极作用不是调节价格，而是对品牌产生附加值。目前，饥饿营销在品牌手机销售、品牌汽车销售和房地产楼盘销售运用得较多。

7. 会员营销策略

会员营销是一种基于会员管理的营销方法，商家通过将普通顾客变为会员，分析会员消费信息，挖掘顾客的后续消费力，获取会员终身消费价值，通过客户介绍等方式将一个客户的价值最大化。会员营销就是企业通过发展会员，提供差异化服务和精准的营销，提高顾客忠诚度，长期增加企业利润。例如，通过梳理一个企业的会员，根据地域、年龄、性别、职务、收入、消费偏好等多个维度进行分群，在促销时针对不同群体进行不同内容的传播。

8. 互联网＋销售策略

随着互联网技术的快速发展与应用，网络和智能手机已经是我们生活中重要的组成部分，互联网让传统营销可以插上翅膀，销售的地域和范围越来越广。这几年，线下＋线上的O2O互联网销售模式已经十分普遍，线下体验加线上销售已经成为销售服务的常态，运用互联网思维来开展市场销售、提高用户的点击率、保持住客户的黏性、扩大粉丝群体数量、实现线下和线上的有机结合已经是互联网＋销售策略常用的手法。

9. 衍生营销策略

衍生营销是近年来发展较快的一种营销模式，其基本的营销思路就是"羊毛长在猪身上，让狗买单"。也就是说，你在销售产品时，不直接向你的服务客户挣钱，可以挣这项服务衍生出来的钱。例如，你在做一场健康养生培训，你不收学员的培训费，但是你可以在会场摆放一些与授课相关的健康养生的书籍和保健品，通过免费培训的机会将学员召集过来，顺便销售书籍和保健品获利，这种衍生销售比直接销售更容易操作，利润可能比收培训费还高。

十、三年发展规划

愿景是企业期望发展成为的样子（有可能成为的样子），使命是企业存在的理由、企业的经济身份或角色、企业对社会和利益相关者的承诺。战略目标是公司近年（3年、5年、10年）的主要工作方向，也称为中长期规划或中长期目标，是企业至少3年以上的愿望和梦想。例如，某交通集团公司的愿景：打造地区大交通领域标杆型企业集团，2023年模式创新，做强汽车后服务产业；2024年盈利增长，实现10%的增长率；2025年扩大盈利，再递增10%及以上的增长率。

创业公司麻雀虽小，但五脏俱全，公司具有基本的架构设置和职能部门设置，涉及的业务内容很多。所以，一定要提前做好公司规划，为公司的业务开展和健康发展打好坚实的基础。在公司发展方面，创业公司可以根据不同的科目内容，按照年度时间进度，设定预期目标。例如，公司研发产品的品种是多少，每年产品生产的数量是多少，销售数量是多少，每年产品销售额预计为多少，每年实现的利润是多少，市场占有率和市场覆盖率是多少，销售渠道发展多少，客户数量发展多少，知识产权计划申请哪类、申请几项等。

十一、项目融资与筹措

创业不是仅有技术和创意就可以，还需要有创业资金，有创业资本。我们都知道资金就像是企业的血液，维持着企业的正常运营。如果没有足够的资金，企业就很难维持正常的业务开展，就很有可能倒闭。大学生要想自主创业，需要有足够的创业资金。创业者在启动创业项目前，一定要估算一下到底需要多少创业资金，然后再想清楚有哪些筹措资金的渠道或途径，需要通过什么办法和手段去筹措创业资本。

1. 创业资金估算

通常大学生的创业项目所需要的启动资金从几万元到几十万元甚至上百万元不等，需要上千万元资金的大项目并不多见，也不太适合大学生去做。创业资金需要多少主要取决于创业项目在运营过程中可能会发生哪些项目的资金支出。一般来说，创业公司的资金支出主要包括以下十项费用，这十项费用之和，就是创业启动资金的金额。

（1）房租费用。

房租费用是创业公司很大的一块费用支出，是创业公司主要的费用支出，特别是在北京、上海、深圳、广州等一线城市，房租价格十分高。创业公司如果能在高校大学生创业园、众创空间和科技孵化器里面办公，房租会相对低一些。房租是创业公司必须考虑的经营支出费用。

（2）人员费用。

人员费用是创业公司必须考虑的费用支出。人员薪酬一般包括基本工资和五险一金，专职人员和兼职人员的费用是不一样的,但都要统筹考虑进去。有些创业公司还聘请了专家顾问和创业导师,专家劳务费也要考虑进去。至于创业合伙人的薪酬费用,股东会上可以协商讨论,是拿薪酬加分红,还是不拿薪酬,只参与分红。

(3) 设备费用。

创业公司开始创业后,可能需要购置一些生产设备、研发设备、检测仪器和工卡量具等,这些设备仪器费用支出较多,一定要想清楚哪些设备是必须购置的,哪些设备是可以借用别人的。对于初创公司,只要这些设备和仪器能满足科研生产,原则上能省就省,尽可能借助外面的资源,通过外协加工检测完成。

(4) 材料费用。

创业公司的研发和生产活动离不开原辅材料的采购,原辅材料的价格不仅与原材料供应厂家生产的材料规格、型号、性能、指标、质量有关,还与厂家供货物流方式、供货周期长短、供货包装等有关,也与产品价格周期的涨跌有关。所以,原辅材料的费用需要全面考虑和估算。

(5) 办公费用。

一般来说,创业公司成立后就会产生办公费用。主要的办公费用涉及电脑、电话、打印机、复印机、饮水机等办公设备的采购,办公桌、办公椅、会议桌、文件柜等办公家具的采购,办公文具、打印纸、墨盒、公文纸、公文袋、信封、公司宣传页的制作等。

(6) 通信费用。

创业公司开展业务,通信联络是必不可少的。通信费用主要包括电话费、手机费和网络费。目前,国内很多地区的办公场所都有宽带接入,宽带计费按照包年、包季、包月等不同的标准收费。创业公司可以根据公司人员数量、业务量及宽带使用情况估算通信费用。

(7) 差旅交通费用。

公司开展业务,少不了交通出行和差旅住宿,交通费和住宿费是一笔不小的开支。交通费涉及打出租车、乘地铁、乘火车、乘飞机、乘轮船等费用,公务出差还会涉及宾馆或酒店的住宿费和伙食补助费。创业公司需要根据每年的业务开展做好差旅费和交通费的预算。

(8) 公关业务费用。

创业公司从零开始做起,需要整合人脉、疏通渠道、维护好客户关系,就需要开展一些公关活动。请客吃饭、品茶、喝咖啡、唱歌、钓鱼、打球锻炼、郊游、送礼品等,都是公关常用的手段,一年下来,公关费用是一笔不小的开支。

(9) 公司注册费。

公司注册成立后,要建立单独的财务和税务账户,要刻制公司公章和财务章,要购买发票,还要提交上报很多资质文件资料,这些都会涉及一定的费用。

(10) 不可预见费。

公司开展业务后,可能还会参加一些产品展览会、技术交流会、项目路演会、新产品发布会等不同主题的活动;可能有些工作公司干不了,会委托第三方开展服务;为了扩大公司品牌影响,可能还会联系媒体做一些广告活动。很多属于不可预见的费用会产生,故不可预见费也应该有个估算才好。

很多新成立的创业公司产品不成熟,还需要进一步开发和完善,可能会在6个月、12个月,甚至更长的时间里公司都没有资金收入,全部是资金投入而没有产出,所以创业资金估算还是要从更恶劣、更悲观的情景中去设想,尽可能估算得多一些,留出一点富裕。

2.创业资金筹措途径

(1)创始人自筹资金。

创业团队自筹创业资金是最常用的做法,也是最容易实现的融资途径。创业项目合伙人可以按照创业启动资金的总额,根据各自的出资能力进行出资,认购股份。寻找筹资的对象可以是父母、亲戚、老师、同学、朋友等。现在城里的大学生一般家庭条件都不错,学生平时自己积攒的零花钱,再加上父母支持孩子创业的钱,凑齐2万~5万元不是什么太困难的问题。5个创业合伙人每个人平均出资2万元,就可以凑齐10万元。

(2)大学生创业信用贷款。

现在学校和银行联合起来为有志创业的大学生设置了大学生创业信用贷款,大学生可以利用国家颁布的大学生创业信用贷款政策,向学校和银行提交相关创业资料,申请创业贷款,筹到第一笔创业资金。目前,大学生创业贷款根据地区的不同,贷款额度从5万元到40万元不等,中关村园区还成立了大学生贷款专项基金。目前,有些高校校友会联合已经毕业的校友,设立高校大学生创业发展基金,用于支持在校学生和毕业2~3年内的学生自主创业。高校大学生创业发展基金也是大学生创业筹资的一个渠道。

(3)创新创业大赛奖金。

在国家万众创新、大众创业的战略布局下,很多大学、创客空间、创业路演平台、天使基金会定期举办一些创业大赛,吸引一些优秀的创业者,捕捉一些好的创业项目。

创业大赛本身能锻炼创业者的商业思维,路演本身是说服听众的过程,也展现了创业者个人影响他人的能力。创业大赛对锻炼创业者、完善商业模式都起到一个积极、正面的作用。

目前,很多高校每年都组织大学生参加创新创业大赛,并对获奖的团队给予一定的奖金鼓励和支持,有志创业的大学生可以积极参加高校组织的"挑战杯""创青春""互联网+"等创业大赛,争取比赛名次,获得大赛组委会和高校的奖金。一般奖励的金额从5000元到25万元不等。此外,社会上不同组织和机构举办的创新创业大赛也邀请大学生创业团队参赛,获奖的团队会获得大赛5000元至15万元的奖金。

(4)天使投资。

近几年,随着"双创"的火爆开展,国内成立了很多天使投资机构。天使投资主要寻找早期的创业项目,对大学生的创业项目,不论是已经注册公司的创业项目,还是只是建立创业团队的优秀项目,天使投资都会关注。投资种子轮和天使轮的天使投资是大学生寻找创业投资的重要途径。一般来说,天使投资的种子轮投资可以在100万元以内,天使轮投资可以在2000万元以内,创业公司和创业团队的创业项目都处于早期,可以重点接触和联系投资种子轮和天使轮的天使投资机构,争取得到投资支持。为了争取到与投资人面对面的项目交流,创业公司一定要做好创业策划,制作一份高质量、高水准的创业计划书,一定要在创业计划书中描述清楚你的产品与服务、项目特点和竞争优势、核心竞争力、商业盈利模式、技术壁垒门槛、创业团队,以及股权机构设置、融资需求和资金使用计划等。

十二、项目财务分析

财务分析是以会计核算和报表资料及其他相关资料为依据,采用一系列专门的分析技术和方法,对企业等经济组织过去和现在有关筹资活动、投资活动、经营活动、分配活动的盈利能力、营运能力、偿债能力和增长能力状况等进行分析与评价的经济管理活动。财务分析的方法与分析工具众多,具体应根据分析者的目的而定。最经常用到的是围绕财务指标进行单指标、多指标综合分析,再借用一些参照值(如预算、目标等),运用一些分析方法(比率、趋势、结构、因素等)进行分析,然后通过直观、人性化的格式(报表、图文报告等)展现给用户。

创业项目的财务分析在创业策划中属于十分重要的内容。资产负债表、利润表、现金流量表是三张重要的财务报表。

资产负债表也称财务状况表,表示企业在一定时期的财务状况,它反映的是企业资产、负债、所有者权益的总体规模和结构,可以让所有阅读者用最短的时间了解企业经营状况。资产负债表反映了公司在特定时间的财务状况,是公司经营管理活动结果的集中体现。通过分析公司的资产负债表,能够揭示出公司偿还短期债务的能力、公司经营稳健与否或经营风险的大小以及公司总体经营管理水平的高低等。资产负债表利用会计平衡原则,将合乎会计原则的资产、负债、股东权益交易科目分为"资产"和"负债及股东权益"两大区块,在经过分录、转账、分类账、试算、调整等会计程序后,以特定日期的静态企业情况为基准,浓缩成一张报表。

利润表也称购销损益账或动态报表,它反映的是某一期间公司的盈利状况。利润表是反映一定会计期间经营成果的报表。通过利润表,可以反映企业在一定会计期间收入、费用、利润的数额和构成情况,全面了解企业的经营成果,分析企业的获利能力及盈利增长趋势,为作出经济决策提供依据。

现金流量表也称财务状况变动表,所表达的是在一固定期间(通常是每月或每季)内,一家公司现金(包含现金等价物)的增减变动情形。现金流量表的主要作用是决定公司短期生存能力,特别是缴付账单的能力。它是反映一家公司在一定时期现金流入和现金流出动态状况的报表。其组成内容与资产负债表和损益表一致。通过现金流量表,可以概括反映经营活动、投资活动和筹资活动对企业现金流入/流出的影响,对评价企业的利润实现、财务状况及财务管理,比传统的损益表更直接、清晰。现金流量表提供了一家公司经营是否健康的证明。如果一家公司经营活动产生的现金流无法支付股利与保持股本的生产能力,它就得用借款的方式满足这些需要,那么这家公司从长期来看就无法维持正常情况下的支出。现金流量表通过显示经营中产生的现金流量的不足和不得不用借款来支付无法永久支撑的股利水平,来揭示公司内在的发展问题。

十三、团队股权结构

创业团队的股权架构设计决定了公司在随后发展中呈现出的股权布局。如果最初的股权架构就存在先天不足,公司就很难顺利、稳定地成长起来。

创业团队的股权结构包括公司的股东人数和每个股东的股权比例。大学生在组建创业项目团队时,股东人数和股权比例要提前考虑清楚。创业合伙人的选择十分重要,合伙人能在价值取向上达成一致,能在专业能力上彼此互补,能在资源配置上合理优化,这样才能形成合伙人在一起做事的合力,才能实现1加1大于2的效果。一般来说,合伙人股东数量2~10人为宜,股东人数不宜太多,以免在召开股东会时众说纷纭、各持己见、意见难统一,最后延误公司决策,影响公司的正常运营。

创始人：创立企业极其艰辛，创始人最关键的是掌握企业控制权，以给企业灌输自己的血液。创始人拥有较大比例的股权。

合伙人：创始人创业伊始会拉一帮人创业，有人提供技术、有人提供资金、有人提供资源，这样企业开始的时候能搭建框架、正常运转，合伙人为创始人的左膀右臂，当然需要一部分股权来激励（8%～15%）。

投资人：投资人在企业需要融资的时候参与进来，投资人就是为了资本孕育资本，一般签订对赌条款，股权占的比例较小。

核心员工：人才对企业来讲至关重要，企业需要预留10%～25%的股权用来留住、吸引更多的人才。考虑人才价值的企业越来越多，这样核心员工的预留比例会加大。

实训准备

（1）阅读给出的学习情境，收集创业计划书撰写的相关资料。

（2）熟悉创业计划书撰写的主要内容和含义。

（3）明确实训的目的。

实训实施

（1）确定创业计划书撰写任务。

（2）明确各小组组长及小组成员。

（3）明确小组及成员的合理分工，确定各成员负责的主要内容。

（4）进一步查阅和收集产品信息以及创业计划书撰写的方法。

（5）阅读与整理相关资料，各成员相互协调编写计划书。

（6）组长组织成员将编写完的计划书进行内容整理、汇总，并进行完善、修改、整合和协调。

（7）汇报并展示创业计划书。

考核与评价

1.学生自评

学生自评表如表2.2所示。

表2.2 学生自评表

班级：	姓名：	学号：	组别：
模块2	创业实践（创业计划书的撰写）			
评价项目	评价标准	分值	得分
创业计划书的主要内容	能完整包含创业计划书的主要组成部分	4	
计划书摘要的完整性和科学性	能完整包含计划书摘要的内容，语言精练，亮点突出	6	

续表

评价项目	评价标准	分值	得分
公司介绍部分的完整度和科学性	能够涵盖公司介绍的全部内容,条理清楚	6	
产品与服务部分的完整度和科学性	能够涵盖产品与服务的全部内容,全面、准确	6	
创业团队部分的完整度和科学性	能够涵盖创业团队的全部内容和要素,形成专业互补、能力互补、优劣势互补的理想组合状态	6	
技术分析部分的完整度和科学性	能够涵盖技术分析的全部内容和要素,明确产品的技术优势及自主知识产权情况、技术成熟度、资料完整	6	
市场环境分析部分的完整度和科学性	能够涵盖市场环境分析的全部内容和要素,形成对政策环境、市场容量、产品定位、竞品等的分析,市场分析全面、认真	6	
竞争态势分析部分的完整度和科学性	利用能够涵盖竞争态势分析的 SWOT 和 PEST 两种分析工具,可评估创业项目实施的可行性	6	
风险分析与控制分析部分的完整度和科学性	能够涵盖政策、技术、人才、市场、管理及资金等方面的风险分析与控制	6	
市场营销策略部分的完整度和科学性	能够确定合理、科学、有针对性的市场营销策略	6	
三年发展规划部分的完整度和科学性	能够按照年度时间进度,设定预期目标,制定合理、科学的发展规划和愿景	6	
项目融资与筹措部分的完整度和科学性	能够正确进行创业资金的估算,确定合理、可行性的创业资金筹措渠道和途径	6	
项目财务分析部分的完整度和科学性	能够涵盖财务分析的全部内容和要素,进行正确、合理的财务分析,形成财务报表	6	
成果展示	能够运用多种方式恰当、合理、准确、全面地展示出创业计划书,重点突出,亮点明确	6	
发展规划思维	能正确理解并建立发展规划思维	6	
实训态度	能做到无故不缺勤、不迟到、不早退,态度端正	6	
团队协作能力	能与团队成员合作交流、协作开展实训	6	
合计		100	

2. 小组互评

小组互评表如表 2.3 所示。

表 2.3　小组互评表

模块 2		创业实践(创业计划书的撰写)								评价组别						
评价项目	分值	评价等级								1	2	3	4	5	6	7
组织合理	10	优	9	良	8	中	7	及格	6	不及格	5					
团队协作	15	优	12	良	10	中	8	及格	6	不及格	5					
实训效率	15	优	12	良	10	中	8	及格	6	不及格	5					
实训质量	15	优	12	良	10	中	8	及格	6	不及格	5					
实训规范	15	优	12	良	10	中	8	及格	6	不及格	5					
成果展示	15	优	12	良	10	中	8	及格	6	不及格	5					
创新程度	15	优	12	良	10	中	8	及格	6	不及格	5					
合计	100															

3. 教师评价

教师评价表如表 2.4 所示。

表 2.4　教师评价表

模块 2		创业实践(创业计划书的撰写)								评价组别						
评价项目	分值	评价等级								1	2	3	4	5	6	7
组织合理	10	优	9	良	8	中	7	及格	6	不及格	5					
团队协作	15	优	12	良	10	中	8	及格	6	不及格	5					
实训效率	15	优	12	良	10	中	8	及格	6	不及格	5					
实训质量	15	优	12	良	10	中	8	及格	6	不及格	5					
实训规范	15	优	12	良	10	中	8	及格	6	不及格	5					
成果展示	15	优	12	良	10	中	8	及格	6	不及格	5					
创新程度	15	优	12	良	10	中	8	及格	6	不及格	5					
合计	100															

4. 综合评价

综合评价表如表 2.5 所示。

表 2.5　综合评价表

班级：	姓名：	学号：	组别：
自评(15%)	小组互评(25%)	教师评价(60%)	综合评价

思政元素

(1) 开拓创新的精神。

(2) 严谨的治学态度和科学精神。

(3) 团队合作精神,奉献和互帮互助精神。

(4) 科技报国的家国情怀和使命担当。

(5) 爱党、爱国和爱社会主义的深厚情怀。

(6) 遵纪守法、遵守规则和诚实守信的优秀品质。

(7) 坚忍的创业精神和坚毅的意志品质。

(8) 迎难而上、不畏艰苦、吃苦耐劳的精神品质。

(9) 团队沟通、组织协作的能力。

教师总结

教师结合课程思政元素对各小组的实训实施过程、汇报过程及创业计划书等进行分析、总结和点评,将创业计划书的相关知识点和内容进行讲解、梳理、强化和总结。

拓展练习

以小组为单位,按照前述流程,结合创新模块中各小组的发明创造,对照互联网＋创新创业大赛的要求,进行针对性的创业计划书撰写。

参 考 文 献

[1] 陈爱玲.创新潜能开发实用教程[M].北京:化学工业出版社,2013.
[2] 吴月红,李经山.创新创业实训教程[M].北京:机械工业出版社,2021.
[3] 刘沁玲,陈文华.创业学[M].2版.北京:北京大学出版社,2019.
[4] 贺永立,程明,汪卯召.故事中的创新思维训练[M].重庆:重庆大学出版社,2019.
[5] 黄华.如何赢得创新创业大赛[M].北京:化学工业出版社,2019.
[6] 邓文达,罗旭,刘寒春.大学生创新创业:微课版[M].2版.北京:人民邮电出版社,2019.
[7] 王艳茹.创新创业教程[M].北京:中国铁道出版社有限公司,2020.
[8] 庄寿强.普通创造学[M].2版.徐州:中国矿业大学出版社,2001.
[9] 罗庆生.大学生创造学技法训练篇[M].北京:中国建材工业出版社,2001.
[10] 刘仲林.中国创造学概论[M].天津:天津人民出版社,2001.
[11] 罗玲玲.创新能力开发与训练教程[M].沈阳:东北大学出版社,2006.
[12] 薄赋谣.创新创业基础[M].2版.北京:高等教育出版社,2021.
[13] 韩树杰.商业计划书与创业行动指南[M].北京:机械工业出版社,2020.
[14] 蔡惠京,吴晓红.创造力开发实用教程[M].长沙:湖南大学出版社,1997.
[15] 甘子恒.创造学原理和方法[M].2版.北京:科学出版社,2010.
[16] 霍华德·加德纳.多元智能[M].2版.沈致隆,译.北京:新华出版社,1999.
[17] 梁良良.创新思维训练[M].北京:新世界出版社,2009.